ブックレット・ボーダーズ

No. 6

世界はボーダーフル

岩下 明裕 著

特定非営利活動法人 国境地域研究センター

ブックレット発刊によせて

二〇一四年四月、総合的なボーダースタディーズ（境界・国境研究）の振興を目的とした民間の研究所として特定非営利活動法人・国境地域研究センター（ＪＣＢＳ：Japan Center for Borderlands Studies）が誕生しました。世界では、北米を本拠とする境界地域研究学会（Association for Borderlands Studies）、移行期の境界地域ネットワーク（Border Regions in Transition）などの活動が知られてきましたが、我が国には北海道大学グローバルＣＯＥプログラム「境界研究の拠点形成」が始動するまでボーダースタディーズのコミュニティは存在しませんでした。これは海に囲まれた島国・日本に暮らす私たちが境界・国境の問題に長年、無自覚であり、いわば内向きの歴史を積み重ねてきたこととも無縁ではありません。

近年、国際情勢の変動のもと、私たちの意識も大きく変わりつつあります。二〇一一年一一月には、境界・国境地域の実務者と研究機関を結ぶ境界地域研究ネットワークＪＡＰＡＮ（ＪＩＢＳＮ：Japan International Border Studies Network）が設立、また二〇一三年四月、北海道大学スラブ研究センター（当時）に境界研究ユニット（ＵＢＲＪ：Eurasia Border Research Unit, Japan）が設置されるなど、大学・自治体間の連携が強まっています。我が国の将来を見据えたときに、境界・国境問題に対する世界的な研究・実務の経験を学ぶこと、これら知見をもとに私たち自身の境界問題を考えること、さらには境界地域に暮らす人々の目線で地域の発展を模索すること、これらすべてが喫緊の課題になっていると思われます。境界をめぐる様々な問題に関する視座と知識の涵養のため、国境地域研究センターはブックレット・ボーダーズをここに刊行することにしました。本ブックレットがひとりでも多くのみなさんに境界地域のあるがままの姿やその未来への可能性をお届けできる一助になれば私たちの喜びとなります。

国境地域研究センター・ブックレット編集委員会

目次

はしがき

ブックレット・ボーダーズ六号は、わたしが九州大学との併任（クロスアポイントメント）期間中に『西日本新聞』朝刊文化面に二〇一六年八月三一日から一一月一一日にかけて連載した随筆「世界はボーダーフル」をもとに編まれている。連載は、西日本新聞の記者、神屋由紀子国際部長が文化部勤務の折、わたしにお声がけいただいたことがきっかけとなって始まった。神屋記者は、わたしたちが手がけるボーダースタディーズの長年にわたる良き理解者であるとともに、釜山・対馬を皮切りとするボーダーツーリズム（国境観光）の取材及びその普及にもご尽力いただいてきた（『ボーダーツーリズム：観光で地域を創る』北海道大学出版会を参照）。神屋さんは連載中も私の拙い原稿に熱心に手をいれてくださったが、今回、連載随筆のブックレットへの収録、また西日本新聞社デザイン部の大串誠寿さんの手からなるイラストの転載にもご支援いただいた。記してお礼を申し上げたい。

さて読者のみなさんの多くは「ボーダーフル」という言葉になじみがないだろう。普通、私たちは「ボーダーレス」な世界のみを夢見て議論してきた。「ボーダー（境界）」という表現は概して肯定的な意味合いでとらえられることが少ない。何かを妨げる壁やフェンスであったり、人の自由を囲い込む柵であったりする。だから、ボーダーがない、少ない世界の方が素晴らしいに決まっているという見方が支配的であった。特に今から三〇年ほど前、世界を東西で区分けしていた冷戦が終わったとき、誰もがボーダーレスの自由を謳歌したいと考えた。ボーダーは人間の自由を妨げるもの。あらゆるボーダーをぶち壊せ！と。

また「ボーダーに暮らす」というのもイメージが良くはない。「辺境」「端っこ」「行き止まり」といったマイナーな地域で生活するのは、きっと大変でしょうね。そう声をかけてくださる方々はまだいい。都会の華やかな生活者たちの多くはそもそもボーダーなどに関心を持たない。

学問の世界でもみなが華やかな「ボーダーレス」を求めてきた。国境を越えた人の流れ、境界を越えて一挙に広がるパンデミック。グローバルなヒストリー、世界を同時に一瞬で動かす経済の動向。国境研究？　そんな一九世紀じゃあるまいし。国家の相対化や退場が議論になっているのに、ボーダーにこだわるなんて時代遅れ。現実の世界が分かってないんじゃないの。

国境をあれこれ見ていくと国境が定まっていない地域が気になってくる。国境が定まっていない場所の多くは領土問題となる。日本にも北方領土、竹島、尖閣と三つある。なお、尖閣に関しては日本政府は認めていないが、国際的な研究コミュニティではこれは通らない（韓国は竹島（独島）を領土問題と認めていないが、もちろんこれも通らない）。ボーダーを考えるということは当然、領土問題にも触れざるを得ないのだが、これまたイメージが良くない。領土問題こそ、クラシックな紛争の典型であるし、だいたいそういうことに関心をもつ学者なんて、右寄りか、政府の主張をフォローする御用学者しかいないと思われる。場合によっては、領土で飯を食う輩《やから》と言われ、いつまでも領土問題が解決しない方がいいと思っているとさえ揶揄される。

確かにその通りかもしれない。ボーダーに関わる仕事を始めた当初、どちらかといえば、国境のもつ闇の部分に惹かれていた。一九九〇年代、私は中国とロシアの国境を旅し、その紛争の実態を探る仕事に没頭し、やがてユーラシアの西方、南アジアや中央アジアの国境へと展開する（Ⅳ、Ⅴ章）。これらの成果をもとに北方領土問題の分析を手掛け、日本の国境問題全体を考えるようになっていく。もとよりボーダーに暮らす人々への意識はもっていたが、よりまなざしを向ける必要を感じたのは日本の境界地域に関わり始めたからだ（Ⅵ章）。やがて世界のボーダースタディーズのコミュニティと出会い、北米や欧州に旅をするようになる（Ⅱ、Ⅲ章）。そして領土や空間そのものを分析する政治地理学など理論的なものの見方が深まってきた（Ⅰ章）。ボーダーが資産であり、リソースとなり、人々を生かす光になる。このような結論にたどりついたのはそう昔のことではない。

人間はそもそも自他を区別する生き物である。みんな友だち、そこにはなんのボーダーもない。これは理想だが、全員と友だちになることなんてできっこない。だからといって、敵になる必要もない。友だちでなくても、敵でもないもっとグレーなボーダーはあるはずだ。

現実の人々の生きるテリトリーもキリがある。そのキリがフロンティアであり、キリとキリがぶつかるとボーダーとなる。隣人たちがそのボーダーを巡って争うこともある。だが引っ越すこともできない。友だちになれればいいが、なれなくてもお互い平穏につきあっていく方法もあるだろう。

冷戦が終わってかなりの年月が過ぎた。いまや世界は壁やフェンスで再び覆われつつある。移民の流れを止め、囲い込もうとする政策やボーダーレスな共同体から離脱しようとする試みが、グローバル世界の先頭ランナーだった欧州や北米の内部から現れている。もともとボーダーの敷居が高かった北東アジアやユーラシアの一部でも壁の構築に相変わらず精を出す。人類の輝く未来を描いていた「ボーダーレス」のフレーズがいまやむなしい。人々は内向きになり、外に向かってフェンスを作り、国と国がたたき合う。「領土を守れ、敵を追い出せ」と。

だが、ボーダーはいつも移ろいやすい。そしてそれでも人々は新たな境界付けから逃れられない。そんな境界との付き合い方を一緒に考えよう。世界はいつだってボーダーフル。どうボーダーと向き合い、飼いならすか。頭の使い方を変えてみよう。

（岩下明裕）

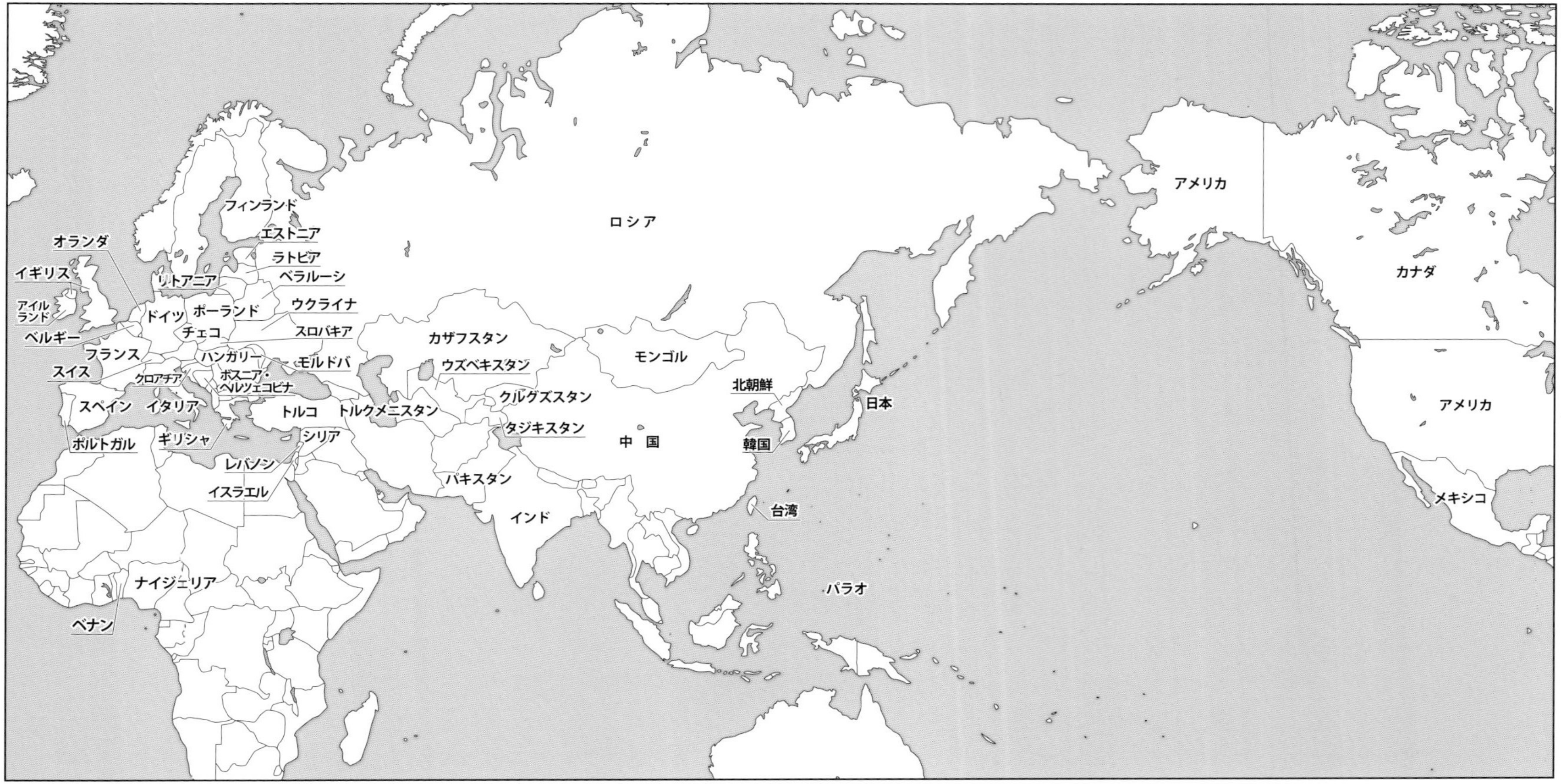
オランダ
イギリス
アイルランド
ベルギー
フランス
スイス
スペイン
ポルトガル
リトアニア
ドイツ
チェコ
クロアチア
イタリア
ギリシャ
ポーランド
ハンガリー
ボスニア・ヘルツェゴビナ
フィンランド
エストニア
ラトビア
ベラルーシ
ウクライナ
スロバキア
モルドバ
トルコ
シリア
レバノン
イスラエル
ナイジェリア
ベナン
トルクメニスタン
カザフスタン
ウズベキスタン
クルグズスタン
タジキスタン
パキスタン
インド
ロシア
モンゴル
中 国
北朝鮮
韓国
日本
台湾
パラオ
アメリカ
カナダ
アメリカ
メキシコ

I　ボーダーでいっぱい

世界はボーダーフル

忌野清志郎《いまわのきよしろう》がジョン・レノンの名曲「イマジン」を日本語でカバーしている。「国境も無い。ただ地球があるだけ」。宇宙飛行士も地球を見てそう言う。国境とは人間が勝手に作り出し引いたもの。だからそれを無くせるか、というと簡単ではない。

世界史を紐解けば、地球上に様々な国が生まれては消えていった。そのたびに国の境目は変わる。日本の歴史もそうだ。百年前は大きな帝国であった。さらに四百年さかのぼれば、本州は無数のくにに分かれて闘いの最中、沖縄には独自の王朝があり、北海道の大半は「未開の」、いや先住民が暮らす自由な大地だった。

境界は変わり、国のかたちは流転する。「固有の」という表現などそもそも土地に当てはまらない。例えば、いまのポーランドはかつてのポーランドではなく、かつてのドイツはいまのドイツではない。民族がその歴史を共有し、記憶を綿々と語り継いだとしても実態は違う。

ポーランドやドイツが第二次世界大戦後のソ連膨張に伴い、東の領土を失い、境界を西へと作り変えられた。スターリンは領土を広げ、そこに暮らす人々を追い払い、新たな移住を促進した。ポーランド人もドイツ人も西への移動を余儀なくされた。

一九九一年にソ連が解体したとき、その西側に新しい国が生まれた。ウクライナ、ベラルーシ、モルドバなど。国境はモスクワに近づき、ソ連を承継したロシアは人口が半減。バルト諸国などに残されたロシア人が「本国」と切り離され、不安な生活を送る。境界の変動で直接の被害を受けるのは、大抵、そこに暮らす住民たちだ。

ソ連という研究対象を失った私たちはこれらの現実を見て考えた。世界地図が大きく変わる。どこまで対象としたらいいのか。旧来の境界のなかで地域を見てはいけない。隣接する地域との接触や関係に目を向け、ユーラシア大陸全体を見る。アジア、中東、欧州とのつながりはどうなのか。世界各地の境界《ボーダー》を探す旅はこうして始まった。

Illustrated by Seiju Ogushi

海に引かれた線

日本人、いや中国人も韓国人もそうだが、歴史が好き。時間をさかのぼり古さを競い合う。領土や国境についてもしかり。

日本海に浮かぶ竹島。韓国は「独島《トクト》」と呼び、一二世紀の資料を根拠に五一二年から自国領とする。日本はそれは別の島と反論し、国際法理を使ってそもそも竹島は無主地で二〇世紀初頭に編入したとの立場だった。だが、いつの間にか一七世紀半ばからの領有と主張。それでも韓国よりはずいぶん遅いが。

尖閣《せんかく》諸島も、中国によれば一四世紀の明代から自国領である。日本は一九世紀末に無主地を確認して編入したとするが、先に発見したのは琉球人だとも主張している。

法的には発見の早さは決め手にならず、支配を続けたかどうかがポイントだ。竹島は〇・二三平方キロ、尖閣の魚釣《うおつり》島で三・八一平方キロ。魚釣島には一時、日本人のカツオ節工場があったが、大海原のちっぽけな島だから、まともに人が暮らすのは難しい。

時代によって島を利用する人々も変わる。近代的な国のまとまりがなかった頃には、漁場を追い求める民や世界を旅する船乗りたちが主であったに違いない。「海は公共財」であり、島は本来、誰のものでもなかった。

マグロ、イカ、サケなど回遊魚がどこの国のものか、誰のものか、決めるのは難しい。そこで人間は島に目を付けた。島を所有する者が海も支配できると考えたのだ。

五〇年くらい前まで、国の主権が及ぶ領海は三カイリ、広くて一二カイリ、残りはすべて公海とされていた。技術の進歩が人間の欲望を拡大し、海を囲い込む。やがて排他的経済水域、つまり漁業や大陸棚などの資源を沿岸国が独占する制度が作られる。二〇〇カイリ（三七〇キロ程度）という数字が世界の海を狭くしていった。

私が子供の頃、日本はたった三八万平方キロの領土しかない、世界六〇位程度の「小さな国」と学校で教わった。いまは

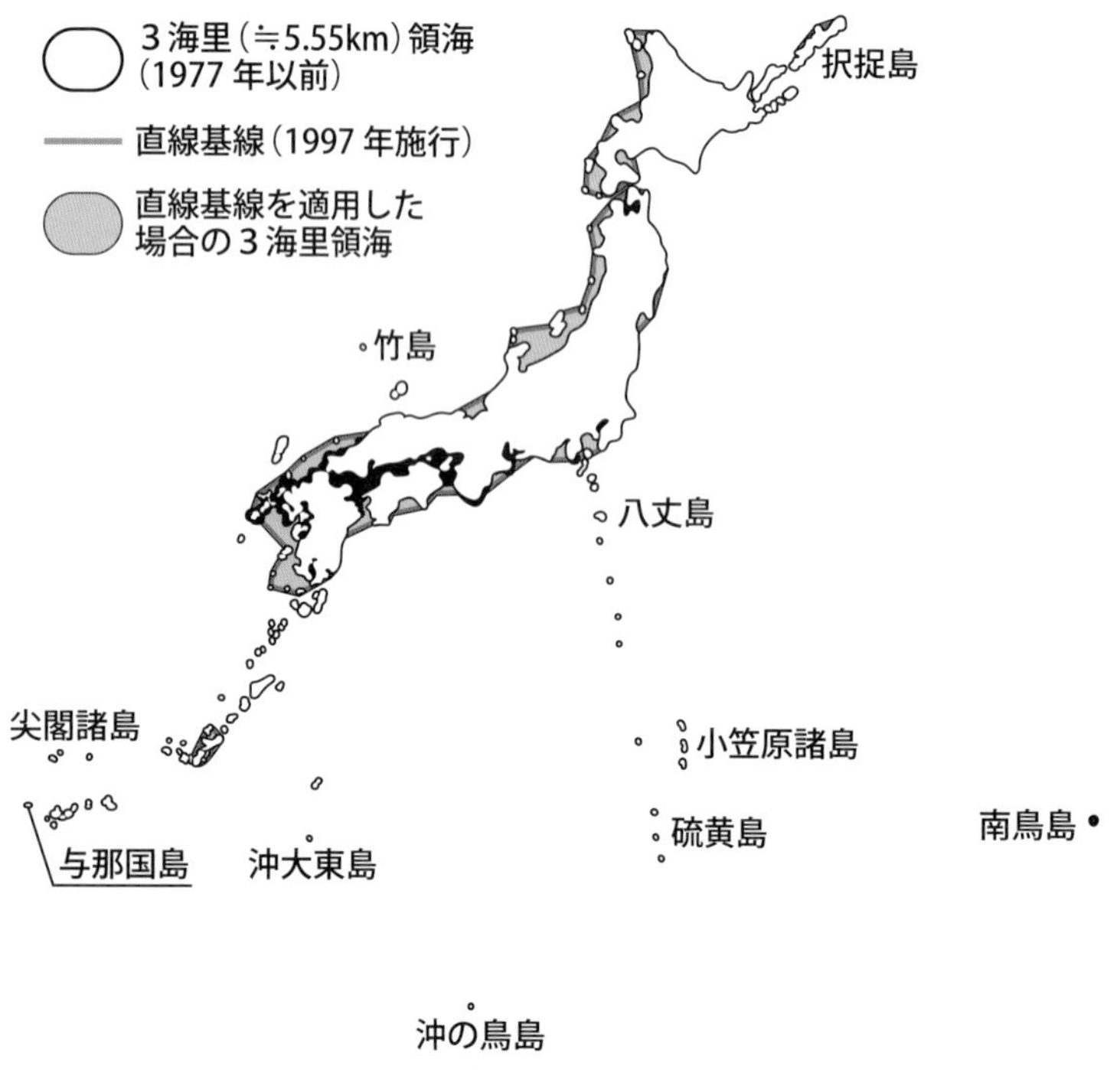

領海の3海里

四五〇万平方キロの海をもつ世界六位の大国と教えられる。島はいにしえより我らがもの。

島のイメージ

人間が島に投影するイメージが膨らむと、実際の大きさや位置が忘れられる。

日本には領土に関して、政府が存在を認める二つの問題と外国から言いがかりをつけられているとする一つの争点がある。前者が北方領土《ほっぽうりょうど》と竹島、後者が尖閣諸島だ。

物理的なスケール、海洋資源の豊富さなどを考えれば、総面積五千平方キロに及び豊かな漁場をもつ北方領土の存在が圧倒的だ。誰かが言っていた。面積的には、日本の抱える問題は北方領土さえ解決すれば、九九・九％以上が解決する。竹島や尖閣のスケールは無視できる、と。

だが、島に海が付いてくると事情が違う。大海原のちっぽけな点が、いまやそれを基点に広い面を確保できる拠点となった。だから、島を巡る国同士の争いは強まる一方だ。国民も過熱する。グーグルで領土の議論の数を検索してみると、大半が尖閣、中国についてという。

これは最近の現象である。特に、二〇一〇年九月に中国漁船が尖閣沖で海上保安庁の巡視船とぶつかり、中国人船長が拘束された事件の後は顕著だ。

領土への関心は面積の大きさや利益そのものではなく、時代に左右される。ちょっと前まで、日本にとって最大の脅威はソ連、そうロシアだった。明日にでも北海道が占領されるという噂まで流れていたなあ。国民に浸透していた領土問題も北方領土だった。だが、いまロシアに関心を寄せる国民は多くない。北方領土が話題になるのも日本の首相がロシアに外遊したときくらいだ。

島に「我らが」のイメージを投影するのはお隣の韓国も同じ。韓国のまちなかに「独島」があふれる。「独島はわが領土」など独島ソングが歌われ、役所のモニターに「独島ナウ」。ソウルの独島体験館には島をアルプスのように描いたジオラマもある。

ある会議で韓国人研究者が北方領土と竹島を比較していた。傍聴席に座っていた年配の韓国人が立ち上がって叫ぶ。「けしからん。

「独島模型」（独島体験館・ソウル）

モニターに映し出された「独島ナウ」

聖なるわが独島をちっぽけな北方領土などと比べるのか」。私は椅子から転げ落ちそうになった。

島はひとつ？

人はものをひとくくりにして抽象化したがる。五つの赤い丸いものを「リンゴ」とまとめる。リンゴ、みかん、ぶどう。見た目は違っても「果物」とくくる。分類とは同じか違うか、一種のボーダー設定だ。

くくりのなかに罠がある。別々のものを性質が似ているからと同じにすると、何かが落ちていく。領土をくくる。例えば、日本海に浮かぶ竹島は一つの島の名前ではない。男島と女島、少なくとも岩のような「島」が二つある。

尖閣諸島は魚釣島、北小島、南小島、久場島、大正島などからなる。大正島だけは一一〇キロほど離れている。与那国《よなぐに》島から台湾も同じ距離だが、ひとくくりにされないのはなぜだろうか。

北方領土は択捉《えとろふ》、国後《くなしり》、色丹《しこたん》、歯舞《はぼまい》の「四島」をくくるための造語だ。でも本当は四つでもない。「ちっぽけな」といわれる歯舞は多楽《たらく》、志発《しぼつ》、勇留《ゆり》、秋勇留《あきゆり》、水晶の五つの島で構成され、計約一〇〇平方キロはある群島。それも違う。根室の納沙布《のさっぷ》岬に立つと水晶島の横にもう一つ島が見える。この萌茂尻《もえもしり》島が歯舞の一つだと知っている人は少ない。みんなが、領土問題を島の数のみで議論したがる。抜け落ちているのは何だろう。

名前に「島」と付いてもひとつにまとまっているわけではない。長崎県上五島には西海《さいかい》市や佐世保《させぼ》市に属する離島がある。

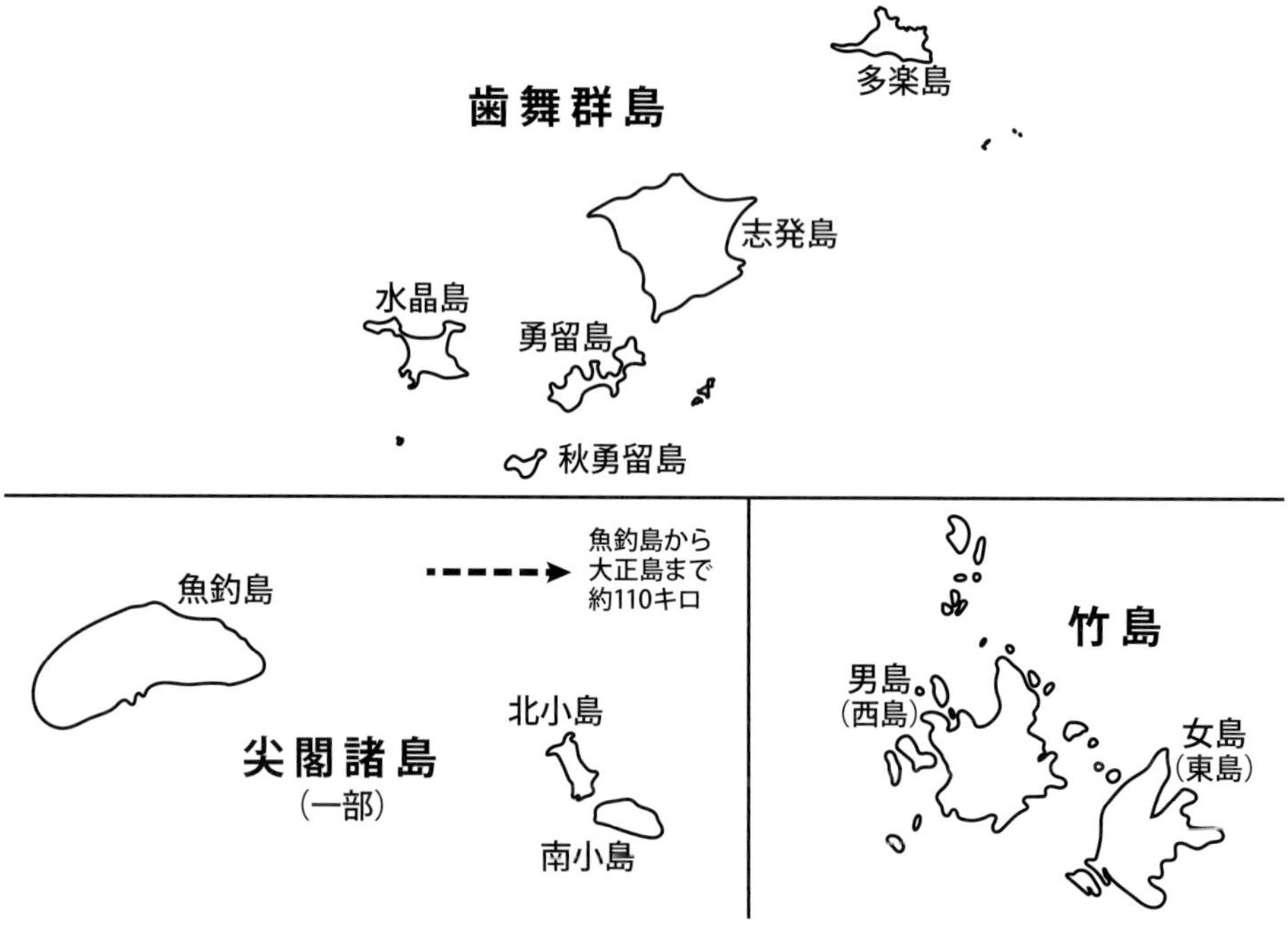

歯舞 - 尖閣 - 竹島

奄美大島《あまみおおしま》には飛び地で一つの行政区となっているところもある。

島はひとつ。これは道路で島内をつないだ近代の考えだ。対岸の別の島と生活圏をつくっていた村も少なくない。同じ島でも山を挟んだ隣とは往来が難しく、むしろ船で渡れる向こう側の方が親しいこともあるのだ。

平成時代に市町村合併で広域行政をという動きが流行《はや》ってい た。疎遠なものを一緒にしてもままならず、どちらかが大きくなり、もう一方が寂れる。高速輸送ができない大きな島では効率も上がらない。六町合併で誕生した長崎県対馬市はバスを使うと南の厳原《いづはら》から北の比田勝《ひたかつ》まで二時間半。統合された役所や病院に通うのも難儀だろう。

境界の現実を捨象すると人の暮らしが消えていく。

領土の罠

境界が引かれ、その囲まれた場所が領域《テリトリー》だ。境界が消えても、新たな境界が生まれるから、広さや性質は変わっても領域そのものが消えることはない。島の例を使えば、島のなかに境界が引かれていることもあれば、島を越えて境界ができることもある。だから島を単純にひとつと考えるな。

領域は権力の源泉にもなる。政治地理学者の山﨑孝史が著書『政治・空間・場所―「政治の地理学」にむけて』（ナカニシヤ出版）で挙げたたとえを借りよう。どこぞの地下鉄の女性専用車両。男性は車両に入るなと命じられているように感じるが、これは鉄道会社が勝手に設定した領域にすぎない。

痴漢防止のためだろう。誰が痴漢なのか事後にしかわからない。注意喚起にも限度があるから、男を閉め出してみた。男としては男はみな痴漢と言われているようで気分が悪いが、これはこれで効率がいいのだろう。

しかし、この種のことを国がやると大変だ。抵抗するのも難しい。領土と呼ばれる空間に新たな意味が与えられる。領土は外部に対して差異化され、同時に内部では均質化されていく。

日本の領土、沖縄と北海道は来歴も文化も違う。それでも同じニッポン。NHKで七時に全国ニュースが流れ、標準語を学ばされる。センター試験も資格試験も一緒。通貨は円を使い、国が定めた同じ旗のもとで同じうたを歌う。

市販の世界地図にはいくつもの国境が引かれている。英語では地形を表す地図と区別してこうした地図を「政治地図」と言う。人間が引いた線で領域を区別し、内部を均一に描かれた人工的な地図だからだ。

「領土の罠《わな》」。米国の政治地理学者ジョン・アグニューが提起したこの概念は国境の問題を考える手掛かりを与えてくれる。国家は均一なものとひとくくりにして物事を考えがちな政治学者たちに対し、それによって本来、領域内にある色合いの違いが消されてしまうと警鐘《けいしょう》を鳴らした言葉だ。消されてしまった人々の営みの空間をどう回復していったらよいのだろう。

主権が第一？

国の要素の二つは領土と国民。もう一つ、主権がなければ国ではない。学校の社会科で習ったことだ。

政府による権力の一元的集中。あなたが従わなければならない法律と制度。普段は見えなくても、いざとなったら、あなたを殺すこともできる力。これが主権の根幹だ。

現在、多くの国は権力の源泉を人々、つまり国民に置く。法律は議会が作り、議員は選挙で選ばれる。民主主義国では、政府の長は議会、もしくは直接、国民に責任を負う。国民主権の説明だが、対外的には国が主体となり権力を使う。これを国家主権と言う。

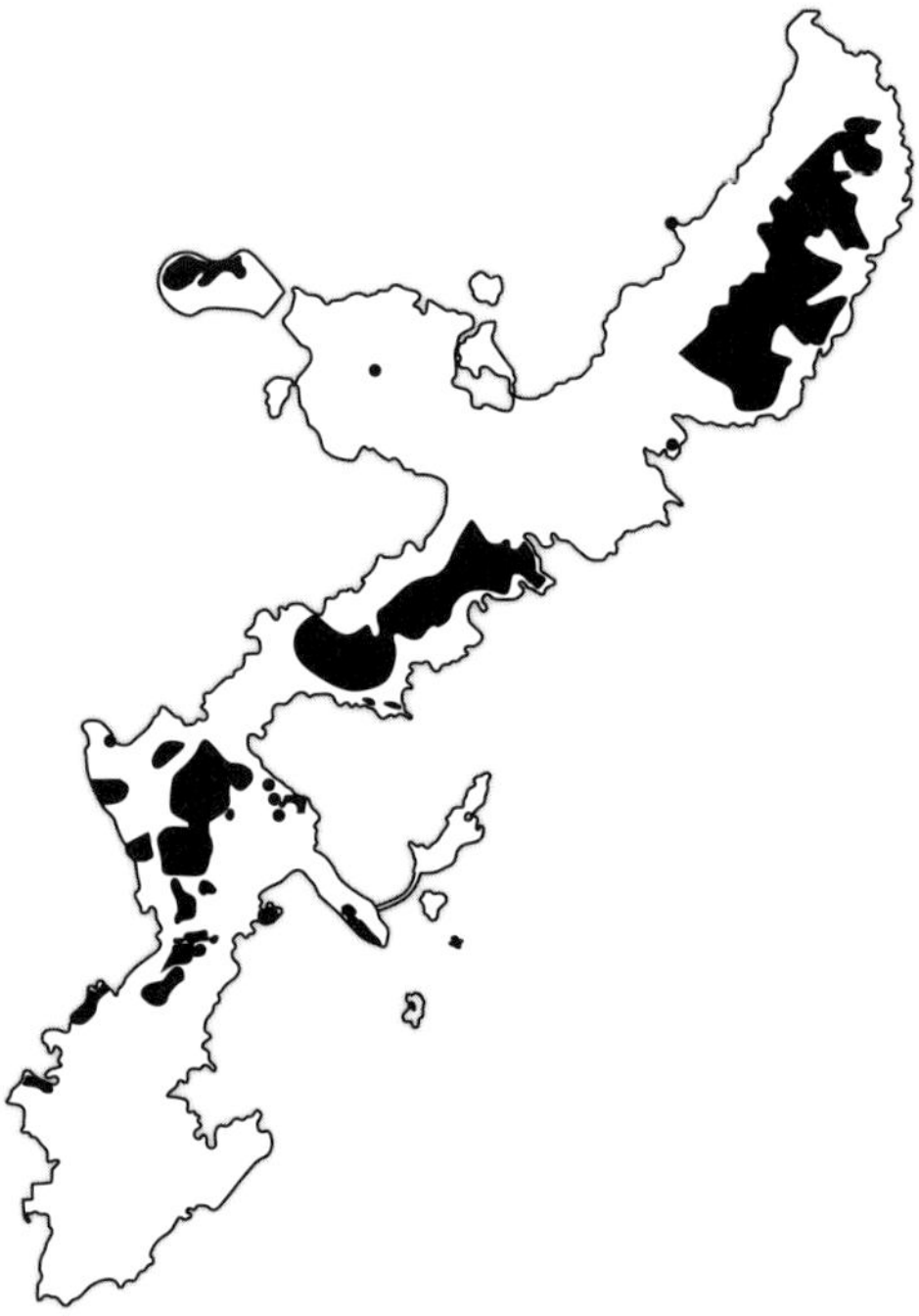

沖縄の米軍施設

国境は国家の主権がせめぎあう場であり、領土問題はその最たる争点だ。地域の実情を知らない東京の学者は、国は主権が第一、領土を譲るなと声を出す。

でも、主権も国という名でひとくくりにされたものに過ぎない。もう罠にお気づきですね。前に触れた、ジョン・アグニューは主権を二つに区分する。絶対主権と機能主権。前者は東京の学者のご高説の通りだが、問題は後者。実は、国は必ずしも絶対主権を必要とせず、機能主権に頼った方がいいときもある。

例えば、沖縄は日本の主権下にある確固たる日本領のはず。だが米軍基地内では排他的な施政が行われ、日本の権力が及ばない。主権があっても権力が及ばない？　つまり絶対主権は日本にあるが、機能主権、平たくいえば施政（使用）権が米国にある。

問題は、世界で軍事展開を続ける米国が日本より強い立場にある点だ。日本は「思いやり予算」をはじめ在日米軍関連経費に年間約七千億円の予算を組んでいる。これは金を払って米軍にいてもらっていることをも意味する。トランプ米国大統領が共和党の候補だったころ、金額が足らない、日本はもっと払えと息巻いていたのはご存じだろう。

でも、これが日本国の意志なら主権は日本にあるからかまわないって？　地元住民にこの理屈は通じない。目の前にフェンスがある。領土を分かつ「壁」である。人々は向こうに自由に入れない。「主権が第一」。現地の生活感からは遠い。

砦かゲートウェイか

国家の主権がせめぎあう場所、かつて国境には常に緊張感が漂っていた。有事で最初に攻められる場所、反撃する場合の拠点。歴史的に言えば、国境地域は「砦《とりで》」として機能してきた。どう守り、どう攻めるか。勝敗の鍵が国境にあった。

第二次世界大戦後、国境の機能は大きく変わった。要塞《ようさい》と目されていた地域が、交流や協力の場所としても注目されていく。元来、境界地域にはそのような二重の役割が備わっていた。例えば、外国との交易拠点であった長崎や函館は要塞としても機能していた。

オスプレイ等プラモデル

戦争の様態の変化、特に核兵器や長距離爆撃機の開発が、国と国との接触面の軍事的機能を低下させた。隣国に備えて国境の島に兵力を集中することは、かつて戦略的な死命を決しただろう。島は補給や攻撃・守備の基点だった。

いまは違う。あっという間に本土を空爆し強襲できる。島に軍を置いても素通りされたら一巻の終わり。

安全保障における国境の意味の変化は、防衛戦略を変えた。国境で守り攻めなくていいのだから、地域の自由度は高まる。隣国とのアクセスは航路や陸路では決定的な利点となり、かくて国境地域はゲートウェイとしての機能を強めていく。

そこに暮らす住民にとっても歓迎だろう。「砦」は利益を生まないが、交流や貿易は富をもたらす。新しいビジネスチャンスも到来する。

だったら、いっそのこと国境を取り払ってもっと自由になったら儲《もう》かるのではないだろうか。それも違う。EU諸国は経済統合と領域内の人の移動を自由にするためEU内国境の多くを取り除いた。するとそれまでの国境は素通りされる。国境があれば短期間でもそこに人が留《とど》まることで地元は潤い、人が集まり活気が生まれていたのだ。フェンスがないと関心も持たれず利益ももたらされない。ボーダーは堅固だとつらいが、消滅するのも不都合なのだ。

そろそろボーダーの旅に出よう。最初の目的地は米国とメキシコの国境だ。

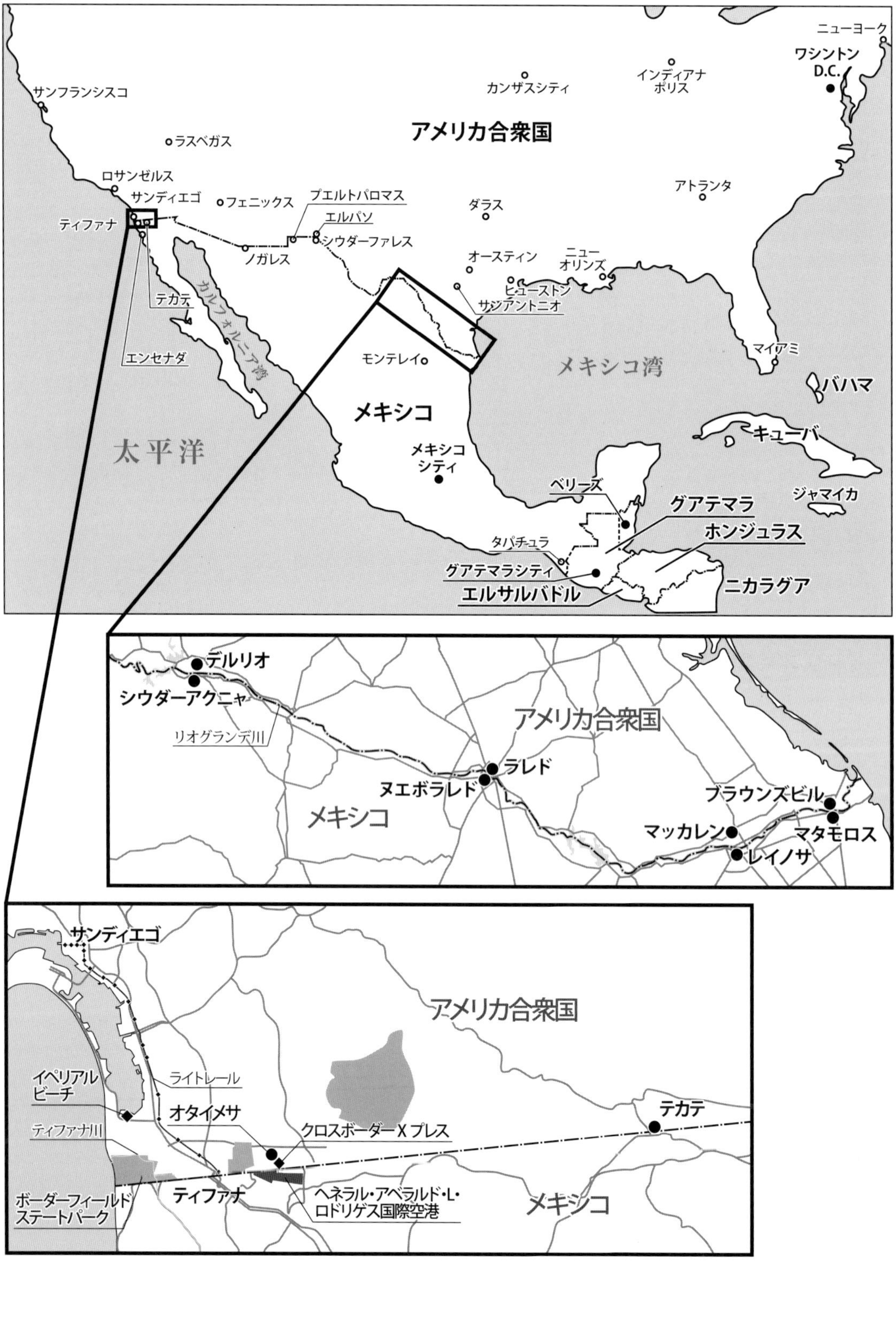
ニューヨーク
ワシントン
D.C.
インディアナ
ポリス
カンザスシティ
サンフランシスコ
アメリカ合衆国
ラスベガス
ロサンゼルス
サンディエゴ
ティファナ
フェニックス
プエルトパロマス
ダラス
アトランタ
エルパソ
シウダーファレス
ノガレス
オースティン
ニュー
オリンズ
ヒューストン
サンアントニオ
テカテ
カルフォルニア湾
エンセナダ
モンテレイ
メキシコ湾
マイアミ
バハマ
メキシコ
キューバ
太平洋
メキシコ
シティ
ベリーズ
ジャマイカ
グアテマラ
ホンジュラス
タパチュラ
グアテマラシティ
ニカラグア
エルサルバドル
デルリオ
シウダーアクニャ
リオグランデ川
アメリカ合衆国
ラレド
ヌエボラレド
メキシコ
ブラウンズビル
マッカレン
マタモロス
レイノサ
サンディエゴ
アメリカ合衆国
イペリアル
ビーチ
ライトレール
オタイメサ
テカテ
ティファナ川
クロスボーダー X プレス
ボーダーフィールド
ステートパーク
ティファナ
ヘネラル・アベラルド・L・
ロドリゲス国際空港
メキシコ

Ⅱ　北米メキシコ国境に行ってみた

歩いて国境越え

砦かゲートウェイか。米墨国境地域研究の泰斗オスカー・マルチネスは自著『境界の人々』で国境地域は四段階で変化してきたと書いた。砦、平和共存、相互依存、最後が統合。ゲートウェイとして栄えるのは平和共存と相互依存の間だろう。彼は米国とメキシコが国境をめぐる対立と境界画定の苦難を乗り越え、ＮＡＦＴＡ（北米自由貿易協定）のもと経済依存と人の往来が活発になる現状を描いた。実際のゲートウェイはどうなのか。

　米国カリフォルニア州サンディエゴ。動物園と水族館で有名な常夏のまち。空港からライトレールで向かった終着駅に巨大なゲートが現れる。メキシコのまちティファナへの入口だ。

　車の渋滞はなく、人もどんどん出ていく。歩行者用ゲートには鉄格子の回転ドアがあり、自分で押して出国する。メキシコ側には役人がいるが、質問を受けることはない。あっという間。ドアは一方通行で後戻りはできない。

　風景が一変する。文字も会話もスペイン語。通貨はペソ。とはいえ、だいたい米ドルも使える。サンディエゴ側のマクドナルドやおしゃれなカフェとは対照的に、メキシカンの食堂が並ぶ。物価は安い。肉料理のファヒータを注文し、メキシコで人気の生ビール・テカテで乾杯するとしよう。隣でテキーラの一気飲みやマルガリータを楽しむ連れがいる。

　食後は散策。ここまでは楽しい週末の一《ひと》こまだが、米国に戻るとき一気に酔いが覚める。ゲートまでの行列がとてつもなく長い。車は渋滞で動かない。二、三時間待ちを覚悟しよう。

　友人と一緒に行列に並ぶ。後ろの米国人風男性は、歯医者帰り。医療費が高い米国から受診のため、あるいは薬品を買いに国境を越える米国人は多く、メキシコからの集客競争は激しいという。どうりでやたら「薬局」や「歯医者」の看板が並んでいたわけだ。

　米国から予約を入れておき、徒歩で国境を越える。ゲートは素通りだから時間が計算でき、出口に待機しているバンが連れていってくれる。帰りは時間がかかっても、米国側の駐車場に止めた自家用車で帰宅するだけだから、そう不便はない。

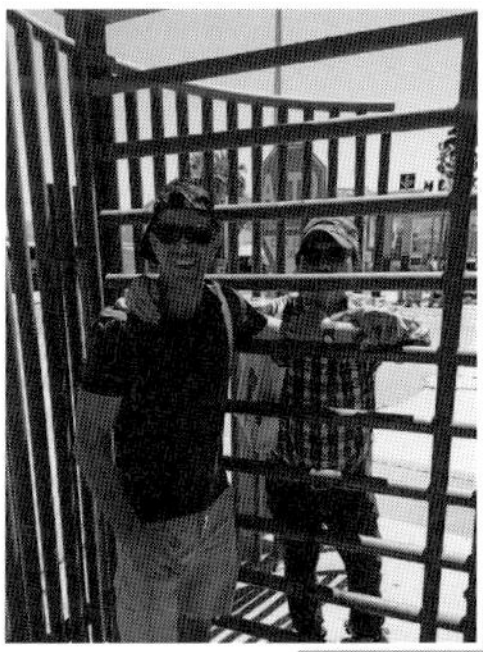

国境の回転ドア

サンディエゴ国境

二〇ペソ男、現る

暑い日差しのなか、米国に戻る国境ゲートまでの行列に並んでいるとメキシコ人の男が近づいてきた。一人五ドル（当時およそ五〇〇円）で連れていくから車に乗れと。ここから車で数十分走った別の国境通過点をきっと案内するのだろう。あっちはスムーズだ。

我々五人連れが乗り込んだ満席のバンはその国境通過点を目指して走り、車道ゲートへ向かう。バンの行列。一〇〇メートルほど前進してぴたっと止まった。隣の一般車レーンはのろのろだが動いている。こちらのレーンは動かない。一時間たっても動く気配はない。友人が言った。「歩道を歩いたほうがまだよかった」。降りよう。

そのときバンが動きだした。やった！　と思いきや、五〇メートル進んでまた停止。ただ人間、動くと分かると我慢できるものだ。さらに待つこと一時間、ついにと思いきや、国境パトロール員が我々の前でゲートを閉める。友人が車を飛び出し両手を広げてアピールするが、だめ。待つしかない。

順番待ち一番となった我々のバンに長髪ヒッピーが近づいてきた。ドライバーに金を渡す。もう席はないのに無理やり乗り込み、ドライバーと助手席の間で中腰になる。

次にヒスパニックの親父が現れた。ドアをあけ、後部座席の我々の横に無理やり座り込む。手には一〇〇ドル札と二〇ペソ（当時およそ一〇〇円）札の二枚。親父はドライバーに一〇〇ドル渡す。釣りなどあるはずもない彼は困っている。

ようやくゲートが開いた。国境パトロール員が早く行けと手を振る。ドライバーは親父から二〇ペソだけ取ると急発進。三分後、建物横に車が滑り込む。米国に行く歩行者専用の入国審査場だった。メキシコの出国審査はなく、いきなりだ。空いたブースに通され、すぐに審査。全員無事帰還して、国境越えの所要時間は二時間半。バンは優先ブースのある建物まで専用レーンで連れていってくれたのだ。炎天下の立ちっぱなしよりは良かったかも。

国境をいかに早く越えるか。親父のようにゲート前で待つ先頭のバンに飛び乗ろう。ディスカウント交渉も可。定価五〇〇円のところ、本日一〇〇円。

米国に向かう行列（ノガレス）

立ちはだかる壁

自由の国、米国は九・一一以降、セキュリタイゼーション、つまり安全保障を重視して人の移動の規制を強め、自国へ入るメキシコ人の統制に躍起になってきた。ブッシュ元大統領は三〇〇〇キロに及ぶ国境すべてにフェンスを張り巡らせ、場所によっては二重にしようとした。

フェンスが太平洋の岸辺で途切れるメキシコ・ティファナ側の公園。米墨に分かれた家族がフェンスの網目を通じて手紙のやりとりや会話をする。メキシコ市民の多くは米国に自由に行けない。でもひとたび入国したら戻らない。息をひそめてヒスパニックコミュニティで暮らす。

米国側でフェンス沿いに散歩すると国境を越えようと向こう側からジャンプしてくる光景をみることもある。パトロール隊が追いかけ押し戻す。フェンスのそばに砂道があり、靴跡を採取し不法入国者を追跡する。

二重フェンスはジャンプ入国を防ぎ、網目も小さくなり紙切れも今は通せない。二重フェンスの間をパトロール員に案内してもらう。継ぎ当てのようなものが見える。闇に紛れフェンスを切り裂き、穴をあけて侵入しようとした跡だ。少し離れたトラック集荷場近くの建物をパトロール員が指さす。米国に入るためメキシコから掘ったトンネルの出口があの家にあったらしい。

なぜメキシコ人は米国に行きたがるのか。まず稼ぎ。給料が違う。次に権利。どういう経緯であれ入国し、住みだしたら米国は人になにがしかの権利を付与する。やがて市民権を獲得し、米国民になれるかも。入れば何とかなる。そう思い彼らは豊かさと自由を求めフェンスを越えてくる。

現実は甘くない。不法移民に対する風当たりは強く、限られた場所でしか働けず、雇い主には稼ぎも値切られる。警察は摘発に余念がない。家に踏み込まれ強制送還される可能性はいつも残る。言葉も通じない。それでもメキシコ人は米国を目指しつづける。正直、私にはわからない。はっきり言えるのは国境を分かつフェンス、これは彼らにとって立ちはだかる壁だということ。

マキラドーラ

メキシコ市民の多くに立ちはだかる「壁」は、米墨両国を経済的に結びつけるゲートウェイとしての役割も果たしている。年間三億五千万人の国境往来は世界最大。メキシコ人は米国の経済的果実を欲する。米国側はメキシコからの人の流入を抑えたい。両者の思惑を結果的に結びつけたのが、マキラドーラなる保税加工制度であった。

メキシコの国境地域に税制を優遇した特区をつくり米国からの下請け工場を誘致する。働くのはメキシコ人。米国にとって

米墨国境（サンディエゴ・ティファナ）

安い労働力が使え、税金も助かる。加工製品は米国のみならず海外にも輸出できる。メキシコからみれば投資がなされ雇用が増える。失業対策になり、景気もよくなる。

日本の企業も参入し、米国に子会社を置き、メキシコに孫会社を設立して運用する。トヨタ、睦月電機、池上金型工業などティファナに進出する会社で日系協会を作っている。

一九九四年にはＮＡＦＴＡ（北米自由貿易協定）が発効。貿易と投資の自由化はマキラドーラの追い風となる。発効一〇年でメキシコ側国境地帯の所得は大いに増加し、地域はさらに賑《にぎ》わいを見せる。果実は国境付近だけでなくメキシコの他地域へも広がっていった。

これに伴い米国では失職する者も増えてきた。メキシコ人に職を奪われた、メキシコ憎しの声は、米国に暮らすヒスパニックへの風当たりを強めているようだ。一方、人口一億を超えるメキシコは米国農産物の輸出ターゲットとなる。とくに米国の食肉産業はメキシコの市場を席捲《せっけん》した。豆類やトウモロコシの輸入もメキシコ農業を逼迫《ひっぱく》させていると聞く。

ティファナのみならず、米墨国境沿いを旅すれば、どの国境ゲートもひっきりなしにトラックが往来する。トラック専用のレーンも多い。リオグランデ川を越えてテキサス州ラレドとメキシコ側のヌエボラレドを結ぶ世界最大級のトラック道路は世界貿易ブリッジ、通称「ＮＡＦＴＡブリッジ」と呼ばれる。ここは米国最大の内陸港だ。米国の繁栄はメキシコなしにありえない。

ブレンドされた主権

米国・サンディエゴとメキシコ・ティファナ。国境を越えて一緒にゲートウェイの機能を発展させようという動きがある。二〇一六年四月、国境線に隣接するティファナ空港の北側に一億二千万ドルを投じたターミナルビル「クロスボーダーＸプレス」のオープニングセレモニーが行われた。

サンディエゴの米墨国境ゲートから東に五キロほどのオタイメサにあるこのビル、中にチェックインカウンターがあり、航空会社の職員がにこやかに出迎える。手続きをして荷物を預ける。米国から出国する分には審査などないから、そのまま搭乗口へ。と書くと普通だが、Ｘプレスと空港はブリッジで結ばれ、利用者は徒歩で国境を越え、搭乗口へ進む。

NAFTAブリッジ

Ｘプレスから出てきた人に訊《き》いてみる。メキシコ各地、いや中南米から直接、米国に入国できるそうだ。飛行機の乗客全員が米国に入るわけでもないから入国審査の行列も少ない。これまではティファナ市内を経由し、一般の国境ゲートを通りサンディエゴに向かっていた。米国人であれ、米国入国のビザや資格があればメキシコ人であれ、便利極まりない。

サンディエゴからも、ダラスかヒューストン経由、あるいはわざわざ国境を越えてティファナの空港から行っていた南米に、ブリッジを通じて直接結びつく。サンディエゴにとってのプラスも大きい。

地元紙によれば、Xプレス開業から三カ月間でティファナ空港の利用客が四〇%アップ。一日一万四千人の五分の一がブリッジ利用者だという。

私たちは航空券を持っていないからビルに入れない。車で国境を越え、ティファナの空港へ行ってみよう。リニューアルしたばかりの施設がまぶしい。心なしか乗客にも余裕が感じられ、まちの雑踏とは趣きが違う。

友人が真新しいスターバックスで地元限定マグカップを買う。奥には素敵なカフェ。もちろん、値段はペソ表示。新しいターミナル、サンディエゴとティファナの連携ゲートウェイに乾杯しよう。ここはメキシコ。ファヒータとテカテの生ビールが美味しい。主権がここではブレンドされている。

クロスボーダーXプレス

ツインシティ

米墨国境の中央に位置するテキサス州エルパソとメキシコ側のシウダーファレスはリオグランデ川を挟むツインシティ。まちはかつてひとつ。川を越え路面電車が結んでいた。遠目の山に登れば、二つのまちとはわからない。

テキサスは州そのものがボーダーを体現する。スペイン、フランス、メキシコ、テキサス共和国（独立期）、アメリカ連合国（南北戦争期）に今の星条旗と六つの国旗が国境近くにそよぐ。いずれもこの地域で主権を持ったことのある国だ。玄関口ヒューストンでは入国審査官が「米国へようこそ」と言わない。「テキサスへいらっしゃいませ」

エルパソの空港から車で橋を越えるとあっという間にファレスだ。風景が一変する。最近まで「世界でもっとも危険なまち」と称されていた。民家は塀やフェンスで自衛し、郊外には荒れた悲惨な光景が広がる。誘拐ビジネスと麻薬戦争。マフィア間の抗争がまちを破壊した。

二〇年前は違った。エルパソの大学教員が言う。ファレスに昼食をとりに行き、午後の講義に戻って来たと。まちの治安が回復しても、今もそうはできない。九・一一後の米国側の国境管理の現実が立ちふさがっている。地元の人はブッシュのせいだと嘆くが、彼のせいにするのは間違いだろう。

ファレスからエルパソへ車で戻る。友人がファストパスを持っており、優先レーンに並ぶ。今日はすいている。わずか三〇分。外国人の私も座ったまま。入国審査官がパスポートをちらりと見ただけで、はいどうぞ。

米国からメキシコに入る際、大変なときもある。金曜夕方は、国境手前の橋で大渋滞が起こる。エルパソの人口は八割近くヒスパニックが占め、二つのまちの結びつきは深い。人々は物価の安いファレスに住み、給料のいいエルパソで働く。週末、みなが一挙に橋に向かえば大混乱。それでも米国の警察は無頓着だ。

国境がどこだかわかる？（エルパソとファレス）

ところでリオグランデ川は、ここでは干上がっている。川の米国側にフェンスが引かれ、土手を国境パトロールの車が行き来し、不法入国者を見張っている。

マルガリータ

国境の風景はいつも地域によって違う。テキサス州エルパソから西へ戻れば、ニューメキシコ州とアリゾナ州。米国が対墨戦争でカリフォルニアとともに割譲させた領土だ。とくにアリゾナはユニーク。風景はひたすら砂漠とサボテンが続く。クリスマスカードもサボテンのサンタクロースだ。

エルパソから東へ向かう。米墨国境の半分、ここからメキシコ湾まですべてテキサス州だ。風景は変貌する。山岳が続き、しばらくメキシコ側が見えなくなり、やがて水量を取り戻したリオグランデ川と再会する。

川の対岸にいくつものまちが現れてくる。まちは様々な橋で結ばれ、徒歩や車で往来できる。人力でロープを引っぱるはしけもある。

中州でメキシコ人家族が川遊びをしていた。中州はメキシコ領なのだろう。国境パトロールの車は土手から見守るだけだ。ヒューストンのライス大教授トニー・パヤンによれば、米国の若者の多くが国境警備パトロール隊に就職し、毎日、ただ川を巡回しフェンスを往来している。この非生産的な活動がいかに米国経済を損なっているか、九・一一以後のフェンスづくりがいかに無駄かを彼は力説する。警備費は年間三六億ドル（二〇一四年）。国境警備隊で溢《あふ》れかえったまちに明るさはない。

夕食後、テキサス州デルリオから徒歩で川を渡る。対岸シウダーアクニャで一杯やろうというのだ。バーに入ると警官四人に囲まれて銃をもっていないか身体検査を受ける。バーでの撃ちあいが日常だったのだろう。

マルガリータを何杯飲んだろうか。夜も更け戻ろうとすると入国審査でストップ。「深夜にわ

リオグランデ川を越えて…

ざわざ治安の悪いメキシコに酒を飲みに行って来たって?」

トニーと外国人の私たちは比較的簡単に手続きが済む。メキシコ国籍でグリーンカード(永住権)申請中の連れがひっかかった。彼女はブラウンズビルという国境最東端のまちの大学教員で、マルガリータの愛好者だから「ミズ・マルガリータ」と呼ぼう。彼女のチェックに丸二時間。解放は深夜二時。ヒスパニックへの嫌がらせだろう。職員は、次回から酒は米国側で飲むことをお勧めすると笑った。

これからメキシコで一杯!

恣意的な運用

エルパソから東に向かうテキサスの国境は現地の専門家の間でも研究の「空白地帯」と言われる。その東の端にメキシコ湾を望む米国のブラウンズビルとメキシコのマタモロスがある。

幸いにもブラウンズビルの大学で国境問題を研究するヒスパニックの女性と知り合う機会を得る。「ミズ・マルガリータ」。前述の大学教授トニー・バヤンと彼女、そしてフィンランドと東京から来た私の友人。リオグランデ川をわたり深夜までマルガリータを飲んでいたのはこの五人だ。

私たちは最初、ブラウンズビルで待ち合わせ、ここから二泊四日の旅を始めた。メキシコ側に泊まるのは治安の問題もあるため、米国側に泊まりつつ、いくつかの国境通過点を渡ってみようというプランだった。

NAFTAブリッジのまちラレドに泊まった翌朝、橋をわたりメキシコ側ヌエボラレドに朝食をとりに行く。地元のメキシコ料理を堪能し、さて米国に戻ろう。

国境ゲートで行列はあったが前に進んでいる。そう長くもない。だがトニーとミズ・マルガリータの後を追った私たちはゲートで追い返される。別の窓口に並べという。メキシコから外国人が米国に徒歩で再入国する場合、別の書類手続きがいるそうだ。

エルパソから車で国境を越えファレスに入ったときは不要だった。ティファナからサンディエゴに戻ったときは徒歩でもいらなかった。なぜに? と尋ねるがただただ規則というご返事。行列に待つこと二時間。入国管理の厳格運用、いや恣意《しい》的な運用。サンディエゴが例外だったのか。

サンディエゴからティファナへ

旅の最終日、ブラウンズビルに戻った私たちはミズ・マルガリータの案内で橋をわたり、メキシコ側に飲みに行く。ひどい目に遭ってばかりだから、いい加減にやめたらと言われそうだが、これでへこたれていたら研究者ではない。
ほろ酔い気分の帰り。またいじめられるのだろうと思っていると、全員五分で入国。ミズ・マルガリータの顔パスなのだろうか。入国管理の恣意的運用。翻弄《ほんろう》されるのはいつもそこを通る人々だ。

ザルの国境・トランプの壁

二〇一八年三月、就任後、初めてカリフォルニア州を訪れたトランプ米国大統領。彼はメキシコ、ティファナとの国境へと向かった。そこにはトランプ大統領が、議会と対立を繰り返しながらも、目指し続ける国境の壁の試作品が並んでいた。米国側から許可がないと近づけないが、メキシコ側にまわれば、壁のサンプルが国境越しに見える。あなたはどの壁がお好きだろうか？

同年一〇月、中米のホンジュラスから貧困や暴力に耐えかねた人々が、ソーシャルメディアなどで呼びかけ、一斉に米国を目指して北上を開始。これにエルサルバドルの人々も加わり、メキシコと国境を接するグアテマラに入ると七〇〇〇人とも言われるキャラバンへと膨れ上がった。

グアテマラとメキシコの国境は、私たちの専門用語で言う「透過性」が一〇〇パーセント。要するに、合法、非合法に自由に往来できるザルの国境である。取材で訪れたメキシコ国境のまちタパチュラの国境パトロール事務所で、なぜ移民の流入を止めないのかと訊いてみた。「できっこない」と係員は肩をすくめる。現場に行くと徒歩で川を渡る人、人、人、いかだでビールや食料を運ぶ組織的な密輸の横行。いやあ、あっけないほど簡単にグアテマラに行ける。

さて先のキャラバン隊。米国まであと一歩、ティファナに到着。ただそこから先は壁がそびえる。すぐ目の前にあるのだが、米国への道のりは遠い。

ところで彼らがティファナまでたどり着けたのはキャラバンを組んだからだろう。法的立場の弱い中米移民たち。メキシコ南部には簡単には入れても、そこからの国内移動が命がけだからだ。治安の悪いメキシコ国内を北上して米国との国境までたどり着くのは容易でない。いささか逆説的だが、米国への移民流入はメキシコ国内の治安の悪さによって抑えられている。トランプは壁の建設費用をメキシコに払えと言う。逆だろう。トランプは米国への移民流入を抑えてくれているメキシコに感謝し、金を払わねばなるまい。

トランプの壁 (メキシコ側から)

渡し船と密輸（メキシコ・グアテマラ）

徒歩でも（メキシコ・グアテマラ）

ヨエンスー
フィンランド
ノルウェー
ベルゲン
オスロ
スエーデン
タリン
サンクトペテルブルグ
エストニア
バルト海
タルトゥ
ロシア
リガ
ラトビア
北海
デンマーク
コペンハーゲン
マルロ
モスクワ
イギリス
ダラム
ベルファスト
マンチェスター
リトアニア
ミンスク
ダブリン
アイルランド
アムス
テルダム
バーミンガム
オランダ
ベルリン
ボズナン
ワルシャワ
ベラルーシ
ナイメーヘン
ロンドン
ブリュッセル
ポーランド
カレ
リール
ベルギー
ドイツ
プラハ
クラクフ
キエフ
パリ
チェコ
ウクライナ
スロバキア
ミュンヘン
チューリッヒ
ウィーン
ブダペスト
モルドバ
フランス
スイス
オーストリア
ハンガリー
スロベニア
ジュネーブ
ザグレブ
ルーマニア
グルノーブル
クロアチア
サラエボ
ベオグラード
イタリア
ボスニア
ヘルツェゴビナ
セルビア
黒海
モスタル
モンテ
ネグロ
ブルガリア
スペイン
ローマ
北
マケドニア
アルバ
ニア
ポルトガル
テッサロキニ
イスタンブル
マドリード
アンカラ
ギリシャ
トルコ
リスボン
ロカ岬
キプロス
シリア
チュニジア
地中海
レバノン
モロッコ
イスラエル
エルサレム
ヨルダン
アルジェリア
リビア
カイロ
エジプト

Ⅲ　欧州から中東へ

欧州はひとつ？

私の若い頃の研究対象はソ連だったから、三〇年前、専門を訊《き》かれるのが苦痛だった。「ソ」と言うとみな怪訝《けげん》な顔をする。理由の説明が言い訳じみて面倒くさい。新聞のスポーツ欄で「日ソ決戦」などと書かれているといまでもドキッとする。あ、これは日ハム対ホークスのことですが。

ボーダースタディーズ（国境・境界研究）を手掛けるようになり、それまであまり行く機会のなかったヨーロッパに通え、嬉しかった。学会で日本人、いやアジアからの参加者が私だけということも少なくなかった。

私見だが、日本人の関心は英仏独に偏重している。独仏の戦後和解を経て欧州が統合し、ヨーロッパはひとつのような論調が多かった。平和、社会保障、民主主義。ヨーロッパに学ぼう。昔、私の学生が言っていた。「フランス人になりたい」。「おしゃれだから」。憧憬《しょうけい》と進歩。未来がそこにある。

実感では、ヨーロッパの研究者は互いに悪口ばかり言い合っている。EU（欧州連合）はだめ、なにも問題を解決できない。民族を超えた理解も乏しい。マドリードの学会でスペイン人がポルトガルとの国境問題や民族の違いを力説する。フィンランド人に訊いてみた。「違いがわかるか」。「全然」

ギリシャ・テッサロニキの学会の後、飲みに行く。フィンランド人が全部おごるそうだ。隣にいたギリシャ人に「なんという金持ち」と驚かれ、彼らが言う。「ギリシャは安い」

ヨーロッパには様々なボーダーがある。シェンゲン協定、EU、ユーロ圏。シェンゲンは域内の移動を自由にし、域外との出入国を管理する仕組み。ユーロは共通通貨。その組み合わせは、例えば①EU加盟国でシェンゲンに入らずユーロを使わない。②EU非加盟でユーロを使わないがシェンゲンに入っている。③シェンゲンにもEUにも入っているがユーロを使わない。④EU加盟国だがシェンゲンに入れず、ユーロも使えない。

正解を順番に①イギリス、②スイス、③デンマーク、④ブルガリアなど。イギリス脱退でEU解体って？　そんなにやわじゃない。金、人、主権へのこだわりはそれぞれに違う。些細《ささい》な違い、これがそのグループに入るかどうかの鍵。

ジュネーブの国境をまたいで建つホテル（フランス側から）

些細な国境

ＥＵの前身、ＥＣ（欧州共同体）が拡大し始め、最初の転機は南方から来る。一九八一年のギリシャ、八六年のスペインとポルトガルの加盟。経済的にパフォーマンスの弱い諸国を入れることでＥＵの通貨が強くなり過ぎないようにしたと言われる。

次は東方。一九八九年の「ベルリンの壁」崩壊に続く、ドイツ統一。雪崩を打って旧東欧諸国が加盟する。こちらではむしろ政治的配慮が働いた。

共通の制度をもつことは、格差のある国との関係を難しくする。経済の低迷が行き過ぎるとこれを支える国は嫌になってくる。ギリシャをなんとか支えようとするドイツ。ユーロ圏から離脱したいと思う国々はその負担を背負いたくないのも理由だ。

域内の自由往来を認めるシェンゲン協定もそう。フィンランドやイタリアは移民の「穴」だと見なされる。ロシア人がフィンランド経由でフランスやベルギーに、アフリカ難民は地中海のイタリアの島から流入してくる。シェンゲンの領域が大きくなれば「穴」も大きくなる。

近年、シリア難民がシェンゲンを潜《くぐ》り抜けて大量に入国し、ヨーロッパで大騒ぎとなった。受け入れを表明したドイツへと向かう難民の経由地となったハンガリーなどが激しくこれに抵抗し、域内にフェンスをつくった。

ＥＵの本丸、ベルギー周辺の国境地域はいささか趣きが変わる。オランダのアムステルダムから電車で二時間弱。ドイツ国境に近いナイメーヘンの研究所に勤めるマールテン・ファン・デル・フェルデは、ここの国境は取るに足らない「些細な国境」という。

ハイウェイは標識のみ。あっという間でいつ国境を越えたかもわからない。一般道でドイツに行っても別の国だとはわからない。そして彼は続ける。「国境は見えなくなったが、ここの住民たちはよそに移住しない」

国境の存在が必ずしも人の交流や移動をも妨げているわけではない。フェンスがなくなっても人は動かない。コミュニティ同士がそもそも疎遠であれば人は交わらない。物理的な境界ではない境界の存在。国境のあるなしを超えて人が動くには相応の理由がいる。

国境で職住分離

ジュネーブは緒方貞子さんも勤めた難民高等弁務官事務所（ＵＮＨＣＲ）や世界保健機関（ＷＨＯ）など国連機関が居並ぶ国際都市。建物はシックでかつ近代的だ。レマン湖からの噴水が美しい。ダウンタウンも趣がある。スイスフランにならって、ホテルはとても高い。だが、国際都市を標榜《ひょうぼう》する割には、意外に英語が通じない。ここはフランス語圏。大学の学食ではランチでみなワインをたしなむ。

スイスの歴史は古い。主権国家のルーツ、ヨーロッパ国際関係のひな型と称される一六四八年のウェストファリア条約で神聖ローマ帝国から法的に独立。中立を押し通したがゆえに、二回の世界大戦では対立する国同士の情報戦に巻き込まれる。ロシア革命の父、レーニンも一時、亡命していた。

第二次世界大戦ではナチスの攻勢に遭い、背後をイタリアに囲まれ、命運を枢軸国に握られ、戦後はナチスの資金をかくまったと連合国側から中立違反を問い詰められる。どの国の干渉もはねのけ顧客を守ろうとする銀行が、それゆえ目の敵にされた。人々は命と誇りをかけ中立を守り抜く。

いまや大国の狭間にあるボーダーの国、スイスはＥＵ加盟国でもユーロ圏でもないが、シェンゲン協定国。日本からスイスで入管手続きをすれば、協定に入っているヨーロッパの国々へ自由に旅ができる。ただし、スイスではユーロがあまり使えないため、フランへの両替が必要だ。

ジュネーブで路面電車に乗り、終点モエルシュラに到着。近くの国境検問所を徒歩で越えるとフランスだ。検問所はいつも閉まっていて、たまに車を止めて抜き打ちで検査する。私が泊まるホテルは国境をまたいで立つ。フランス側はのどかで物価が安い。キオスクで地図を買う。人のよさそうな売り子のおばさんが身ぶり手ぶりで親切に対応してくれるが、英語は通じない。

中華料理屋で渡される赤ワインリストには二ユーロ（当時約二三〇円）でハーフボトル、青島ビールは五ユーロとあり、料理に負けない数のデザートが並ぶ。物価が安く暮らしやすい。フランスに住みながら賃金の高いスイスで働く。国境を越える生活。その重要な要因が経済だ。

分断の亡霊

ポーランドから国際列車に乗り、オーデル川を渡る。旧東ドイツ・ポーランド国境。かつて同じ社会主義国とはいえ、国境は管理されていた。川を挟んで向き合う二つのまち。ドイツ側フランクフルト・オーデル、ポーランド側スウビツェ。

一三世紀にドイツからバルト海へ向かう交易が盛んになり、ここにまちが作られ、一五世紀にはハンザ同盟にも加盟した。一九世紀にはプロイセン王国の中心となりベルリンと結ばれ、繁栄は頂点に達する。第二次世界大戦末期にはナチスの対ソ戦の要塞となり、まちは戦場に。ソ連のスターリンは戦後ここにドイツとの国境を置く。ひとつのまちは二つの国に分断された。

冷戦が終わりドイツ統一が実現する。ポーランドも二〇〇四年、ＥＵに加盟し、シェンゲン協定に参加。両国間は自由に往来でき

ジュネーブ国境の検問所（モエルシュラ）

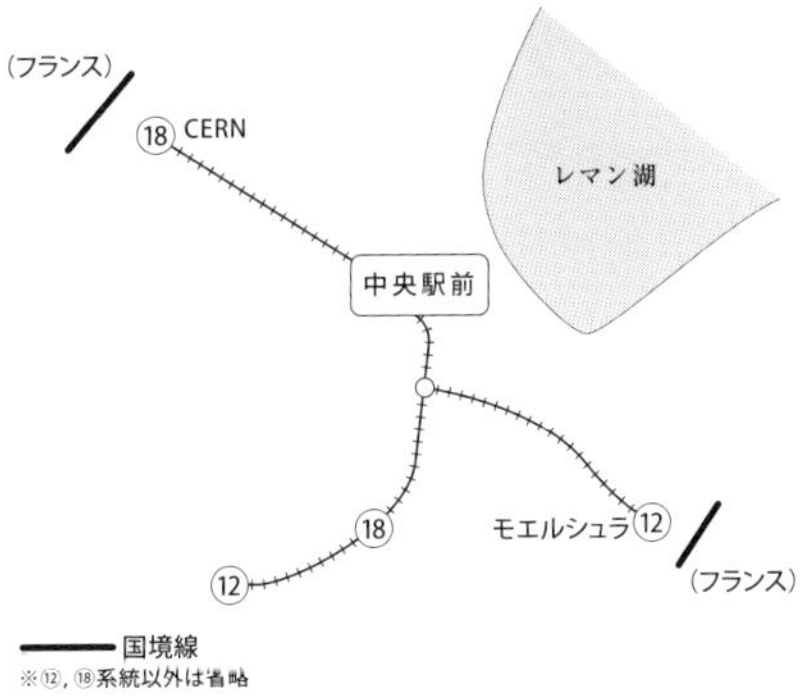

ジュネーブのライトレール路線図
（『境界研究』特別号、2014 年より）

るようになり国境が見えなくなる。いまや人や物が素通りしてしまい、利益も生じない。フランクフルトは隆盛を取り戻そうと、対岸との交流を始めた。だが断絶した時間を取り戻すのは容易ではない。かつてこの地域を走っていた路面電車を復活させる計画も浮上したが、住民投票で反対に遭い、進展していない。壁が消え、空間がつながった後も、過去の分断に苦しむ。これを「ファントム（亡霊）」と人は呼ぶ。

　ドイツにはベルリンの例もある。「壁」がなくなった後も、東と西の経済格差、人々の意識の差、文化の差が交流を長年、阻んできた。西の市民は東に優越感をもち、東の市民は西を羨望《せんぼう》のまなざしで見続けてきた。二〇〇六年にできたベルリン中央駅もなかなか鉄道のセンターとして機能せず、東と西の雰囲気は異なっていた。

　東ドイツを旅するとどこか暗さが漂っていた。ドイツは領邦から生まれた分権的な国である。人々の気質も文化もビールの味も多様だ。だが東と西のそれは、このドイツ的な多様性とは一味違う。「亡霊」は、いま目の前にある国境や境界がなくなった後の社会を想像するヒントを与えてくれる。朝鮮半島の南北を二分する境界がなくなったらどうなるだろう。

プレクリアランス

　自国の領土の外で入国管理を行う場合がある。主権と領土が一致しない例だが、入国手続きの時間短縮が目的で、プレクリアランス（事前審査）と呼ぶ。日本からカナダのトロント経由で米国に飛ぶ。トロントの空港ではトランジットでそのまま乗り継ぎターミナルへ、ではない。「米国入国」のサインへ誘導される。

　以前は自分で荷物を受け取り、ベルトコンベヤーに乗せ換えていた。最近は荷物には触らず、タグの番号でＯＫが示され、そのまま進むと米国の係官が待ち構えている。カナダの空港で入国手続きが済み、あとは米国国内線の扱いになる。目的地に到着すると荷物を受け取り、そのまままちへ。

　パリ、ブリュッセルとロンドンをドーバー海峡トンネルで結ぶ国際列車ユーロスターにもプレクリアランスがある。イギリスはシェンゲン協定の国境撤廃の適用除外。ブリュッセルの駅で出国手続きをすると、二〇メートルほど先のブースでイギリスの入国審査がある。書類を書かされ質問攻めだ。日帰りでロンドンにビールを飲みに行くと説明する。そんな旅行者がどれくらいいるのか。係官は疑心暗鬼。

　ロンドンのセント・パンクラス駅に到着。チューブ（地下鉄）でコベントガーデンに向かい、ロンドンプライドの生ジョッキとフィッシュアンドチップスでランチ。出国は簡単だ。イギリスの出国審査はなく、ＥＵの係官は、より管理の厳しいイギリスからの客のパスポートに黙ってスタンプを押す。

　日本と韓国の間でも二〇〇二年の

英国への移民が集まるフランスのカレ（ドーバー国境）

サッカー・ワールドカップのときにやっていたと聞く。近々、ソウルの空港などでまた始まるという話もある。政治や歴史を巡り軋轢《あつれき》を繰り返す両国だが、人の移動はヨーロッパに近づいている。

　ところで米国がからむとややこしい。一度、米国に着陸した乗客はすべて入国手続きをしなければならない。そして出国手続きなしで次の国へ。自由の国から出ていきたがる者はいないという発想なのか、出国管理がない。だから、「トランジット」がない。南米に行くとき、米国経由なら気を付けよう。入国大行列に巻き込まれ、次の便に乗り遅れかねない。今では電子申請のESTA（ビザ免除プログラム）の導入でだいぶ緩和されたが、それでもトランジットでゲートに直行できるカナダ経由をお勧めする。

テルアビブで考える

　少し前までイスラエルに行くと、入国のとき、パスポートにひし形のスタンプを押されていた。これを押されると中東の多くの国から入国を拒否される。イスラエル、いまだヨルダンとエジプトを除き、近隣のアラブ諸国やイスラーム諸国と対立し孤立し続ける国。

　二〇一〇年、国際地理学会でイスラエルの都市テルアビブに行く機会を得た。アラブに共感を寄せるヨーロッパの研究者グループが参加をボイコットしたそうだ。

　地理学は巡検を大事にする。エルサレム、ゴラン高原などを巡るボーダーツアーが組織された。一二五平方キロしかないエルサレムにはキリスト教、アルメニア正教、イスラーム、そしてユダヤ教の聖地が密集。ゴラン高原はレバノンとの対立が厳しく、地雷と書かれたフェンス前には砂の道。不法入国者を足跡で追跡するための道で、足を踏み入れると軍人が飛んできた。

　イスラエルの内部に数多くの強固な仕切りがある。高速道路の向こう側、まちの向こう側に行くには検問所を通らなければならない。向こう側の世界、それがパレスチナ自治区だ。

　エルサレムも東側のゲートを出るとパレスチナ。キリストが生まれたベツレヘムはパレスチナのヨルダン川西岸地区に位置し、イスラエル側のタクシーで行くことはできない。

　イスラエル側の土地が高く、パレスチナ側は低いようだ。見下ろす側は仕切りを「テロリストを防ぐためのフェンス」と呼ぶ。下から見上げる人々は「私たちを包囲する壁」と返す。

　イスラエルのなかでもパレスチナを国家と認め、国境を決めようとする声もある。だがパレスチナの存在自体を認めず、壁を増築し領域を広げようとする右派も強い。共存を目指すパレスチナ勢力も、真正面から武力で立ち向かう強硬派をなかなか止められない。日常的にイスラエル人が襲撃され、報復でパレスチナ人が射殺される。

　あるヨーロッパの研究者が、「ボーダーは人間がイメージで作り出したもの」と報告した。イスラエルの

嘆きの壁と岩のドーム（エルサレム）

研究者が怒って反駁《はんばく》する。「ボーダーが現にあり、人が死ぬ。それでもイメージと言えるのか」

平和を作る観光

イスラエルの抱えるボーダーは物理的に強固だ。パレスチナ自治区でもガザは囲い込みの徹底ぶりで知られる。

陸域は完全に境界で統制され、海域もイスラエルの軍艦が二四時間態勢で見張る。アリの子も抜け出せないとは言い過ぎだが、脱出は難しい。

ヨーロッパでシリア難民の悲惨さが話題となる。脱出途上、荒波にのみ込まれ命が絶える。だがガザの人は海に逃げることもできない。動く自由さえ封じられている。

対峙《たいじ》する厳しい境界も永続化していけば、人の記憶に強く刻まれ、そこに思いを投影できる。ベルリンの壁に描かれていた様々な絵。パレスチナの人々もまた、抗議と抵抗の意思を壁に描いてきた。

パレスチナ人にとっての壁は、イスラエル人からみれば自分たちを守るフェンス。同じラインを壁やフェンスと呼ぶ。そもそもこれも人の思考の投影だ。作家の村上春樹は二〇〇九年、文学賞「エルサレム賞」受賞の講演で「高くて硬い壁と壁にぶつかって割れてしまう卵があるとき、私は常に卵の側に立つ」と言った。「壁」という表現で村上はパレスチナ側に立ったのだ。

壁かフェンスか（イスラエル・パレスチナ）

イスラエルは壁の構築に飽き足らず、これを絶えず動かしてパレスチナを狭めようとする。一九四九年の第一次中東戦争後の和平で敷かれたグリーンライン。だが地図上のラインは破られ、壁はパレスチナ側に次々と食い込んでつくられる。イスラエルは植民を奨励し、壁がまた増殖する。

観光を使って壁の増殖を止めようとした例がある。自分たちの美しい景観が壁の建設によって損なわれると危ぶんだパレスチナ側は、景観を世界遺産に登録。住民たちは、地域コミュニティで協力し、ここにトレッキングコースをつくり、世界の観光客を招き、アピールした。世界遺産を守ろう。ついにイスラエル当局の賛同も引き出し、壁は建設中止へと追い込まれた。

紛争を収める役割を担う観光。現地を調査したパレスチナの専門家、高松郷子は論文でこう記した。「平和だからできる観光ではなく、平和をつくり出すための観光を」。新しいメッセージがここにある。

分断された空間

境界で分けられた空間に焦点をあててみよう。アイルランド島。ベルファストを中心とした北部はイギリス、ダブリンを首都とする南の大半はアイルランド共和国だ。イギリスから独立した共和国は、北部奪還を目指し、北部のまちは紛争の渦中に置かれる。イギリス統治存続を望むプロテスタント系住民とアイルランド帰属を望むカトリック系住民のにらみ合いが続く。

　対立を少しでも抑えようとベルファストに両者の居住区を分断する線、いわゆるピースラインが設定される。壁と呼ぶ人もいるが、ベルリンやイスラエルのようにこの壁にも様々な絵が描かれた。ここから列車でおよそ一時間半。港町ロンドンデリーもまた紛争の中心地となった。対立の傷跡が博物館で展示されており、いまなお警備はものものしい。

　J・F・ケネディ、ロナルド・レーガンなどアイルランド移民を先祖とする大統領を持つ米国の存在が和平に少なからぬ影響を与え、一九九〇年代に入り、クリントン大統領の仲介で平和が訪れた。

　ピースラインは一九九八年の和平合意以後、自由に往来ができるようになり、かつてのゲートは開かれ、いまは検問所に誰もいない。「ベルリンの壁」のように施設は保全され、見学できるが、きっとここにも境界によって分断されていた記憶の「亡霊」がコミュニティに影を差しているに違いない。

ベルファスト

　分断された空間。これを比較しようとする研究者たちがベルファストのクイーンズ大学にいる。物理的な紛争を乗り越えた経験はイスラエルの研究者にも響く。ベルリン、エルサレムなどと比較すると何が見えるのだろう。リオグランデ川で分断された米国のエルパソとメキシコのファレス、朝鮮半島北緯三八度線の板門店《パンムンジョム》が眼に浮かぶ。
　日本にもある。北海道は根室、納沙布岬からわずか数キロ先にある灯台だ。灯台近辺は根室市の一部であり、昆布漁の恰好《かっこう》の場所。だが敗戦後、ソ連・ロシアに支配され、生活の糧となる昆布を採りたい漁民たちの前に「見えない壁」が立ちはだかる。領土問題は国家の主権問題。だが根室はベルリンのように分断されたまちでもある。

ユーゴの悲劇

　一九八九年。「ベルリンの壁」崩壊に象徴されるこの年、ヨーロッパの地図は大きく変わった。ドイツ、ポーランド、チェコとスロバキア、ハンガリーなど多くは平和裏に推移したように見えるが、独裁者チャウシェスク大統領の処刑で終わったルーマニアのように血が流れた国もあった。

　最も激しい紛争地となったユーゴスラビア。反ナチスのパルチザンから誕生したこの連邦国は、冷戦の頃、民主主義を重視する人々にとって希望であった。労働者の自主管理による社会主義の新しい道を示し、ソ連の独裁者スターリンに抵抗した建国の父チトーは西側でも英雄扱い。国のスローガンは「六つの共和国、一つの国家」だったが、文字や民族など、その複雑な内実はモザイクのようであった。

　社会主義体制に対する動揺が、国の統一を掘り崩す。六つの共和国のうちスロベニアがいち早く西側に飛び込んだ。ドイツが肩入れしたクロアチアとロシアの支援を受けたセルビアの対立が決定的となり、セルビアはモンテネグロと新ユーゴスラビアを結成するものの、国際的に孤立。独立を目指すコソボを力で押しとどめたため、NATO（北大西洋条約機構）軍の空爆を受ける。元大統領ミロシェビッチは、国際法廷で「民族浄化」の名の下で行われた大量虐殺などの罪を問われ、旧ユーゴ時代からの首都ベオグラードには空爆後の廃墟が残った。

ボスニア・ヘルツェゴビナでは内戦が泥沼化する。米国のクリントン大統領の後押しもあり、和平合意にこぎつけた後、セルビア人とクロアチア人がそれぞれ中心となった二つの国が連合する体裁で平和を回復させた。いまでも首都サラエボのスナイパー通りを歩くと銃撃シーンが思い出される。

世界遺産のまちモスタル

NATOの空撃の痕（ベオグラード）

分断の象徴がクロアチアに近いまちモスタルにある。まちの中心部を流れるネレトバ川を挟んでボスニア・ヘルツェゴビナ軍とクロアチア軍が東と西で対峙。川にかかるアーチ型の古い石橋スタリモストがクロアチア軍に破壊された。一九九五年の紛争終結後、まちは復興し、再建された橋は世界遺産となって賑《にぎ》わい、戦火の記憶がいまに引き継がれている。

アフリカを諦め、大西洋を越える

私の国境を目指す旅は北半球に限られてきた。学会とか、なんやかや理由をみつけて近年は、南米チリを始め、ニュージーランド、オーストラリア、南半球ではないが、パラオなどにも足を運び、地域を越えた境界について考えようと努めている。だがアフリカだけは未踏だ。

二〇一八年一〇月、ヨーロッパ発祥で国境地域を結ぶ国際会議BRIT（五三頁を参照）がナイジェリアと西隣のベナンで開催されることに決まった。私は初のアフリカ旅行にわくわくしたが、準備を甘く考えていた。会議のホストは、空港でビザが取れるという。だが東京の大使館によれば日本人は無理。こちらが正規のビザ手続きをと言うと、オンライン登録にシステムが変わったばかりでやり方がよくわからないという返事。いわく「おまえがこのシステムで行く最初の日本人」。英文の預金残額証明書、大学の出張許可書、購入済みチケット、ホテルのバウチャーなど次から次へと書類が要求される。ビザが取れるかどうかもわからないのに、欧州乗り継ぎの高いチケットなぞ買えません。

時間だけが過ぎていく。最後に気づいた書類が国際健康証明書。何これ？　黄熱病の予防接種証明書（イエローカード）だとわかったときは後のまつり。日本の地方で予防接種できる保健所は限られ、かつ月一回予約制。一緒に行く手はずを整えていた米国の友人たちはみなカードをもっていたから話題にもならなかった。日本の常識、世界の非常識。アフリカと日本の間のボーダーはその物理的距離以上に高い。

アフリカ行きは断念。やけになったわたしはやったことがないことをやってやると思いついたのが世界一周。日本を起点に旅をすることが多いから、まだ大西洋を越えたことがなかった。

かくてモスクワ、ヘルシンキ、ロンドン、ワシントン、シアトル、サンディエゴを廻る世界一周の旅が実現した。日本からの時差は六時間、七時間、九時間、一四時間、一六時間と日替わりでぐるりと一回転。帰国後二週間、眠れない夜に襲われた。これほどの時差ボケは体験したことがない。自分の身体がどこの時間で動いているのかさえわからない。二度とごめんだ。未知の世界が目の前に山ほどある。

ポルトガル・ロカ岬（ユーラシアの西端）

ベルリンの壁（ブランデンブルグ門）

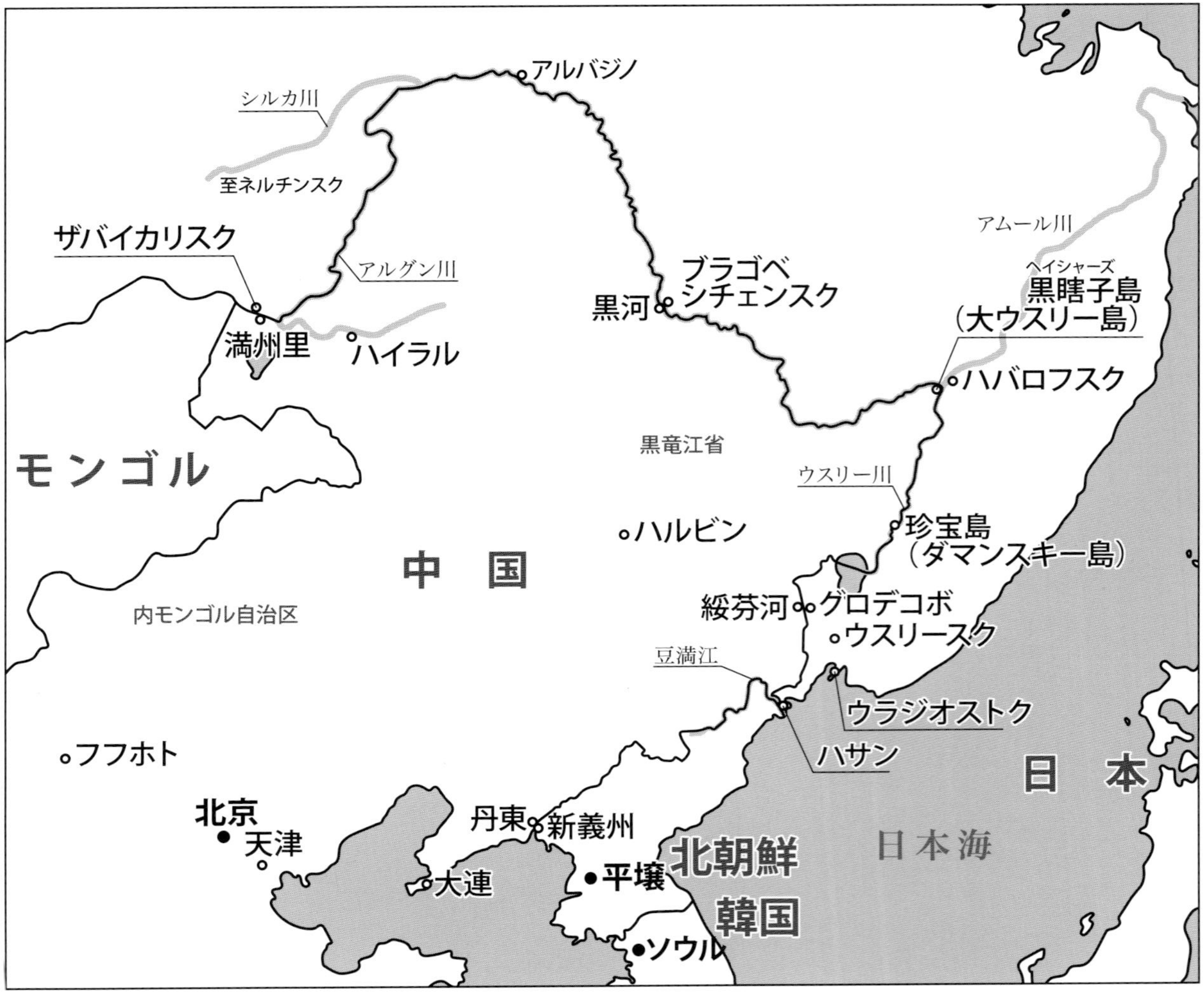

アルバジノ
シルカ川
至ネルチンスク
ザバイカリスク
アルグン川
満州里
ハイラル
ブラゴベシチェンスク
黒河
アムール川
黒瞎子島《ヘイシャーズ》
（大ウスリー島）
ハバロフスク
モンゴル
黒竜江省
ウスリー川
珍宝島
（ダマンスキー島）
ハルビン
中国
内モンゴル自治区
綏芬河
グロデコボ
ウスリースク
豆満江
ウラジオストク
ハサン
フフホト
日本
北京
天津
丹東
新義州
北朝鮮
日本海
大連
平壌
韓国
ソウル

Ⅳ　中露国境を振り返る

開放された国境

一九八九年の東欧変動の波はアジアにも届く。六月四日に中国で起こった天安門事件は、ヨーロッパでは社会主義諸国の民主化運動の一環とみなされる。だがソ連と中国の進む道は交わらなかった。ソ連は解体するが、中国はこれを教訓とし市場経済化へ進む。

ユーラシア大陸最長の七千キロに及ぶ中ソ国境。日本海側に流れ込む豆満江は河口からしばらく北朝鮮とソ連の国境が続き、中ソ国境に切り替わる。中ソ国境はやがてウスリー川からハバロフスクを回り、アムール川などを経てモンゴル東端へ。ここまで計四三〇〇キロを東部国境と呼ぶ。

モンゴル西端から始まる西側の中ソ国境は三千キロ。テンシャン、パミールなどの山岳地帯を経てアフガニスタンへと向かう。山並みの風景は川や草原をたどる東部とは対照的だ。

ソ連解体（一九九一年）により中国と接する国も変わる。東部は全体がロシアに引き継がれ、西部はロシア、カザフスタン、クルグズスタン（キルギス共和国）、タジキスタンに分かれた。

一九六九年三月、氷結したウスリー川の小島での衝突を契機に、中ソは全国境で対峙し、あわや核戦争勃発《ぼっぱつ》かと目された時期もあった。対立はゴルバチョフが登場し、八九年の和解まで続く。

ソ連を引き継いだロシアではシベリアや極東の国境管理が手薄になり、中国との往来が自由化される。折から鄧小平が主導した「改革・開放」の波にのり、黒龍江省や内モンゴル自治区など国境に面した地方政府や住民たちがロシアに進出。体制崩壊で市場が寸断されたロシアのまちは中国の商品を欲し、これを担ぐビジネスが跋扈《ばっこ》する。

国境の開放は、ロシア極東の七〇〇万の住民を、中国東北地方の一億人と直接、向き合わせた。しかも、中国は一九世紀、不平等条約により一〇〇万平方キロに及ぶ広大な領土をロシアに奪われたと考えていた。そのためロシアでは「中国脅威論」が叫ばれ、中国との戦争も取りざたされる。一九九〇年代半ば、壁に穴が開いたがゆえに、以前と違う緊張が国境で高まっていた。

私がこの地域を初めて訪れたのは一九九四年二月。中露国境は自由と緊張の狭間にあった。

天安門の前で（1991年）

旅の始まり

中露国境の旅へ向かう前に、私がボーダーにひきつけられた背景に触れておこう。

私は熊本で生まれ、都城という宮崎と鹿児島の狭間で育った田舎者。鹿児島のラ・サール高校から九州大学に進学。南九州の風土が染みついた身に福岡のまちはまぶしかった。

おかげで九州の言葉はいろいろしゃべれるが、初めて会った人はまず私が九州人だとわからない。小学校の頃、毎日、朝一番に「日本語の時間」があり、言葉の矯正を受けたからだ。「あいうえお、あお」。私にはふるさとの言葉がない。

ひょんな縁からソ連・ロシア外交などを専門にし、山口での大学勤務を経て、北海道大学の今の職場に赴任。当時はスラブ研究センターという名前だった。センターの設立は一九五五年、東西冷戦のさなか。欧米流の戦略的な地域研究を日本に持ち込もうということで、ロックフェラー財団の支援などもあり、ソ連を中心とする社会主義圏を研究する施設として誕生した。

北朝鮮（1991年）

ところが名称でもめる。常套《じょうとう》ならソ連研究所。だが、右翼や保守の人々がソ連と付くのを嫌った。ロシア研究所だと対象地域が狭すぎる。結局、妥協案で「スラブ」となった。それにしてもゲルマン、アングロサクソンなど民族名を掲げた研究所が他にいくつあるのだろう。「スラブ」で地域全部をカバーできるものでもない。研究所は、ハンガリー、ルーマニア、中央アジアをカバーしてきたが、どれもがスラブ民族ではない。

一九八九年に東欧の社会主義体制が、その二年後にはソ連が解体。世界地図が大きく変わる。私たちソ連専門家はアイデンティティの危機に陥った。対象地域はどこで線を引いたらいいのだろう。

一九九一年秋、私はピースボートで新潟から北朝鮮に向かい中朝国境を渡った。平壌では単独で外に出ようとすると、案内人が追いかけてきて自由行動もままならない。陰鬱《いんうつ》な北朝鮮を出た瞬間、中国がまぶしかった。市場や屋台は活気があり、何しろ自由に買い物ができる。国境を越えた瞬間にがらりと違う世界。空間を越え、境界地域が織りなすグラデーションを紡ぐ旅に心がわしづかみにされた。

夜行列車からあふれる北朝鮮の人々（1991年）

黒龍江省へ

九州大学法学部助手時代、福岡市のアジア太平洋センター（福岡アジア都市研究所の前身）の研究助成公募の案内が私の目に留まった。若手研究者を対象としたアジアの現地調査支援。一九九〇年代前半のことだ。

研究助成の対象地域にロシア極東は含まれていない。韓国や台湾で同世代の若者が民主化のために闘う姿を見て、新生ロシアにこだわりながら北東アジアも勉強したいとも考えていた。ロシアのスケールで考えると鍵となるのは中国。ロシアに隣接する黒龍江省を訪ねて調査するのはどうだろう。

幸いにも申請は採択され、ハルビンにある省の外事弁公室（対外問題担当部署）に手紙を書くと、「歓迎する」との返事が届いた。

当時、日本の大学教員がこのようなかたちでハルビンを訪ねることは多くなかったのだろう。黒龍江省社会科学院の研究員は「岩下先生歓迎日程表」と書いた紙を持参して出迎え、豪華なホテルに案内してくれた。ただし宿泊代は自前。日程表には「歓迎晩餐会」などと記されていたが、結局、食事に招かれることもなかった。先方は名のある大先生が来ると思い込んでいたらしい。三〇歳そこそこの若造の私をみて華やかなもてなしを中止したのだ。

だが、このとき現地で知り合った研究者の多くが、後に中露国境地域の調査を進める上で最大の理解者であり信頼できる友人となる。彼らの支援なしでは、激動の中露関係をルポした『中・ロ国境4000キロ』（角川選書、二〇〇三年）は書けなかった。

くだんの研究員が国境のまちに行きたいだろうと、省北部の黒河への訪問をアレンジしていた。ときは二月、外は零下三〇度。暖房の効かない夜行列車に揺られ、朝到着。市の外事弁公室の担当者は、ロシア人が買い物に来る市場やアムール川をまたぐ橋の建設予定地（二〇年以上たった今、ようやく完成）などを案内した。

氷結した川の対岸に見えるのはロシア・アムール州のまちブラゴベシチェンスク。氷上をトラックや乗用車が行き来している。向こう側に行ってみたい。私の中露国境の旅はこの日から始まった。

黒河からロシアを望む（1994年）

北京のロシア研究者たちと（2003年）

二〇年ふた昔

一九九〇年中葉からおよそ一〇年間、中露国境を旅した。黒河を中心にアムール川の東西に広がる国境のまち、中東（東清）鉄道の拠点、満州里《まんしゅうり》や綏芬河《すいふんが》、豆満江《トマンコウ》沿いにある北朝鮮との三国国境点、ウスリー川やハンカ湖。この国境は様々な景観からできている。

中露国境の旅の醍醐味《だいごみ》は、なにが起こるかわからない、その予見不能性にある。何事もなかったかのように国境を越えられるときもあるが、突然、国境が閉鎖されることだってある。それまで仲良くしているように見えた中国人とロシア人がいきなり殴りあう。

中国から国境を越えて船や列車がロシア側に到着。一〇〇人ほどの中国人担ぎ屋が大きな荷物を抱えて税関に突進する。四人の国境警備隊員が押しとどめようとするが、そんな少ない人数で抑えきれるはずもない。じりっじりっと包囲網を後退、ついに出入国管理事務所の入ったビルに逃げ込み、ドアを閉めてシャットアウト。ここからは一人一人を審査して通すようにしている。

国境駅グロデコボの風景（2016 年）

振り返ると、早い入国をあきらめた中国人が賭けトランプに興じていた。見ていて飽きない。ちょっと写真をパチリ。ぽんと肩を叩かれる。警備隊のお姉さんが立っていた。フィルム丸ごと没収。どこぞに連れていかれて取り調べられなかったただけでも幸運だ。

といった風景が二〇年前の中露国境では日常だったが、いまではすっかり見られなくなった。金持ちになった中国人はほぼ軽い荷物でロシアに入り、物見遊山。担ぎ屋となっているのはロシア人。ロシア側なのに、心なしか中国人の方が偉そうだ。中国人の誰かが言っていた。「ロシアには何もない」

二〇一六年九月、中露国境ツアーなるものを企画し添乗した。日本からの観光客がツアーで中露国境を楽しむなんて、時代は変わるものだ。あるお客さんがロシアの国境駅でパチリ。警備隊員がすかさずやってきた。デジカメだからピンポイントで一枚だけ上手に削除。当のお客さんはそれを楽しそうにみんなに話す。私が一九九〇年代に中露国境を旅した頃、写真をどう撮るかは常にチャレンジだった。警備隊員に新聞でくるんだウオッカをプレゼントして機嫌をとったりしたものだ。その時代を振り返ってみよう。

綏芬河と満州里

中露国境に取り憑《つ》かれた私は毎年のように現地に通った。皮切りは綏芬河。帝政ロシアが太平洋進出を狙って敷設した中東鉄道が通った国境のまち。黒龍江省では黒河と並ぶロシア貿易の拠点だ。暗く田舎っぽさの残る黒河と違い、明るく垢抜けていた。違いはどこから来るのか。まず鉄路の玄関口としての歴史。中ソ対立のときもこの鉄道は動いていたという。そして、訪れるロシア人の違い。川を挟んで対岸ブラゴベシチェンスクのロシア人としか触れあうことのできない黒河と比べ、朝鮮系との交易地ウスリースクや海に開かれた港町ウラジオストクと鉄路で結ばれ、後背地に野菜輸出拠点の東寧を控えるなど近くに多様な国境ルートを持ち、様々なロシア人と出会う機会に恵まれている。

　歴史と経済の紐帯《ちゅうたい》がまちの雰囲気を醸し出す。一九八四年、当時の胡耀邦《こようほう》総書記は国境地域を視察し「南の深圳・北の黒河」とその重要性を指摘したが、実は、飯の一時も惜しんで働くビジネスライクな綏芬河により感銘したとも聞いた。

　内モンゴル自治区の満州里も面白い。中東鉄道の起点チタ州ザバイカリスクと向き合い、鉄道でそのままユーラシアの中部に行くこともでき、両国の交流がより自然に見える。ロシアの地元紙を見比べても、ウラジオストクが「中国の脅威」を意識するのに対して、チタ州にはほとんどそれがない。

綏芬河の旧国門

　ここでも歴史の違いが重要だ。沿海地方は帝政ロシアが一八六〇年の北京条約により中国に割譲させた最後の場所。ウラジオストクにはハバロフスク（伯力《ボーリー》）やブラゴベシチェンスク（海蘭泡《ハイランパオ》）と同様、中国語名「海参崴《ハイシェンウェイ》」があり、李鵬《りほう》首相が二〇〇〇年に訪れたが、中国首脳は長年、当地を訪れようとしなかった。

　一方、チタ州と中国の国境は今から三〇〇年以上も前にほぼ決められている。だからロシア側の警戒感も場所によって温度差があるのだ。

　満州里にはモンゴル人がいる。まちを外れると草原が広がり、ゲルが点在する。もともと彼らの地をロシアと中国が分け合い、国境は自分たちが引いたものでもない。一四の隣国を持つ中国。陸路で二万キロに及ぶ国境の風景はそれぞれ異なる。

満州里（1995年）

中国人と飲む

中露国境に通った当時の中国はわくわくした。とりわけ酒席。ロシア研究者としてウオッカを飲み干す訓練は積んでいたので、アルコール度数だけでいえば白酒に対応できた。

　ロシア人と飲むとき、健康にいいとは思えない豚の脂肪をつまみ、目と目を見つめて飲み干す。店ではフラスコのような容器に入ったウオッカを一〇〇グラム単位で頼むが、家では一本、二本と空けていく。逃げようのない力と力のぶつかり合い。すぐに降参しよう。

集団戦の中国人は違う。私は一人旅が多かったから、酒席となると周りは全て中国人。三対一や四対一。乾杯はサシでランダムに酒を勧められ、主賓は人の三、四倍飲まねばならない。そこで乾杯の第一波が終わるとトイレに駆け込み、隠れることにした。

中国は一枚岩ではない。社会科学院の研究者二人と外事弁公室の役人二人が一緒になる酒席があった。お互い初対面だったりライバルだったり。私がトイレから戻ると二対二のがちんこ勝負が始まっていた。それでしばらく時間を稼いだ後、一番弱そうな人にサシの乾杯を浴びせかければ勝ったも同然、こちらはヒーローだ。

先方のボスが意外と酒が弱いことも多い。ただし、そんな場合、誰かを連れてくる。そのお付きの者が、実は超酒豪だったりする。

一度、中国の内モンゴル自治区で、日本人八人と中国人三人の酒席があった。楽勝と思いきや、中国側ホストの横に見知らぬ顔。飲み係だ。彼がボスに向けられた乾杯を一手に引き受け、なんと八杯一気飲み。これにはびびった。

幸い、こちらにも強者がいた。道中、影の薄かった某役所の部長がすっくと立ち上がってお返しを挑み、粉砕。この日、彼は酒席「部長」と称《たた》えられ英雄になった。

Illustrated by Seiju Ogushi

飲めばどうなるか。人間関係が変わる。現地での融通がきき、活動範囲が広がる。中国では初対面で飲まねばならないことが多いが、打ち解けた仲になるとそうでもない。「今日の夕食は友人と一緒だから心配しないでね」。会食前にこの一言がなければ今日も飲まねばならない。

ロシア人と飲む

私が山口女子大学（現山口県立大学）に勤めていた頃、中国の満州里で知り合ったモンゴル人が留学してきた。モスクワで知り合ったロシア人も偶然、近くで職を得ていた。そこでゼミの女子学生二人も家に招いて一席もつことにした。

学生の一人はハルビン留学で中国式宴会術も習得した強者。彼女の留学中、一緒に国境のまち黒河に行ったことがある。私もその頃、現地の人から「老朋友」（親しい友人）と呼ばれるくらいには出世しており、宴会が始まった。彼女は地元の外事弁公室の一人に、飲めない酒で勇敢に立ち向かってくれた。翌日、ロシアのビザを持っていた私は機嫌良く一人アムール川を渡る。当時、中国人の振りをして黒河の対岸ブラゴベシチェンスクまで観光に来ていた日本人がいたという。ロシアの国境警備隊員がその日本人を捕まえたとうれしそうに教えてくれた。

さて、話はもどって、わが家で宴会開始。全員の乾杯でウオッカ一本目。モンゴル人がロシア人に突撃する。ロシアと同じくモンゴルでは「友達は酒を飲まなければならない」。ロシアには「命を削って飲む」という言い方があるようだが、モンゴルでは「飲まねば敵」。ウオッカ二本目。サシの勝負に勝ち目はない。いつの間にかモンゴル人が酔いつぶれて床に転がっていた。

今度は日本人の女子学生二人組が立ち向かう。私も参戦し三対一の集団戦。一人ひとりが酒に強いロシア人に複数で立ち向かうさまは、まるで中露国境戦争のようだが、ハルビンでよく見かけた光景でもある。ウオッカ三本目。ロシア人は余裕で笑顔だ。

ふらふらになった私は冷凍庫をあける。ウオッカがない。ラム酒ならある。これで乾杯。一杯飲んだだけでロシア人の笑顔が消え、もうダメと一言。突然、二階の寝室に消えていった。集団戦でも難攻不落だったロシア人もカリブの海には弱かった。かくて日本人軍団は日本酒で勝ちどきをあげる。

翌日、モンゴル人はすっきりした顔でおはようと起きてきた。もちろん昨夜のことは全く覚えていない。ロシア人はまだ姿を見せない。二日酔いなのだろう。

三国国境地帯

中国、北朝鮮、ロシアの三国が交錯する場所から日本海へと続く豆満江流域の開発は一九九〇年代の北東アジア地域計画の中軸をしめた。河口の北朝鮮領に特区をつくり、中国から運ばれてきた原材料を使い、日本や韓国の技術力を投入して製品化。ロシアの港やシベリア鉄道支線と結び、商品は日本海から太平洋へ運ぶ。北東アジアの国際分業で経済共同体をつくり出そうとする構想は、国連も巻き込み、研究者を魅了した。

中国で熱心なのは吉林省であった。理由は海への憧憬《しょうけい》。かつて現地の人々は豆満江を下り日本海に出ていた。だが一八六〇年の北京条約で清は沿海州を失った上に、国境界牌は河口から一八キロ上流に設置され、海への河口地帯ハサンも失う。ただし、北朝鮮とロシアの境となった川を下る権利だけは認めさせた。

辛亥革命、ロシア革命、日本による満州国建設など、国の体制や名称が変わり、紛争に直面しても、境界は大きく変わらなかった。日本の敗戦により、中ソと北朝鮮の国境となったかの地は軍事的緊張下で氷漬けにされた。だが一九八九年の中ソ和解、九一年の国境画定協定の締結、新生ロシアの誕生により、国境地域は交流と機会の糸口を得た。北朝鮮の羅津《ラジン》・先鋒《ソンボン》、ロシアのハサン地区、中国の延辺朝鮮族自治州といった要塞地帯がゲートウェイとなる可能性を人々は見いだした。

ハサンから北朝鮮を望む（2010年）

三つの国境が交錯する場所ではロシアと北朝鮮が橋で結ばれ、遠目に海がかすんで見える。中国は行き止まりの高台を観光地として整備。閉鎖的な北朝鮮も時折、外国からの訪問団を視察に案内する。ロシアからはハサンの手前まで行くのは自由だが、村に入るには特別な許可がいる。許可なくぶらっとやってくる外国人は後をたたず、国境警備隊はピリピリしている。

彼らの監視塔は高台にある。あなたもハサンに入り北朝鮮が見える川

三国国境（1999年）

べりまではたどりつけるだろう。だが九割九分の確率で警備隊のジープが降りてくる。入域許可証がなければアウト。許可証があっても安心はできない。撮影許可証が別に必要なのだ。ここはロシア。あなたがカメラマンならご用心。

ダマンスキーの悪夢

一九六九年三月二日、中国とソ連の国境をなすウスリー川の小島で両国が軍事衝突し、世界に激震が走った。核武装した大国同士の紛争というのも理由だが、一枚岩と目されていた社会主義国同士の戦争は衝撃であった。ナショナリズムや民族主義がイデオロギーや価値観を超える。いま当たり前の常識が当時はそうではなかった。

ナショナリズムがぶつかり合うとき、国境のゲートは閉ざされ、殺し合いの最前線と化す。どちらが先に手を出したか、で互いを非難する。

例えば、一九五〇年六月二五日に始まった朝鮮戦争。私が学生の頃、韓国が先に攻めたという噂もあったが、歴史は北朝鮮の先制攻撃を明らかにした。

中国名・珍宝島、ロシア名・ダマンスキー島。中ソ軍事紛争の発端となるウスリー川の小島を巡っても論争が続いた。ともに相手が先に手を出した、自らが勝利し島を守ったと主張した。

事実を言えば、先に手を出したのは中国。ソ連の防衛基地から遠く、中国側の高台から見下ろせるほど近接した一平方キロの小島を標的にした。しかも川の氷結が溶ける直前の時期に仕掛ける。ソ連側はなんとか中国人を武力で島から追い払い、銃撃で統制していた。

だが休戦協議の前日、九月一〇日にソ連側が銃撃を中止するやいなや中国人が島に再上陸。協議は「現状維持」で合意したが、起点が紛争以前か現時点かで解釈が割れる。結局、後者を主張した中国が島に居座り、実効支配。後にゴルバチョフが一九九一年に国境画定協定を結ぶ際、国際法に則《のっと》り、小島の中国帰属を正式に追認した。

だが論争は続く。島をソ連が管理していたことがそもそも不法で、先制攻撃とはいえ島を取り返したのだから「自分たちは反撃した」と中国人。中国側が白衣を着て雪に隠れてソ連の警備隊に不意打ち、いきなり射殺したのは「蛮行」とロシア人。

学者も、国境や領土がテーマとなると、事実が見えない。都合良く解釈しがちだ。ただ毛沢東が入念に島の「奪還」計画をつくらなければ、珍宝島はいまでも誰も知らない無名

珍宝島のトーチカ（2001年）

の島だったのは確かだろう。

歩平先生の想い出

一九九〇年代から二〇〇〇年代前半にかけて、わたしはハルビンを拠点に、黒龍江省社会科学院シベリア研究所（現ロシア研究所）、黒龍江大学の専門家と毎回、面談していた。ロシア語がすこぶるうまい。私が聞いたこともない現地情報が次から次へと出てくる。そこには日本で聞いたことも見たこともない中国とロシアの顔の見えるつきあいがあった。だが彼らは必ずしもロシア人が好きなわけではない。

ハルビンはかつて満州で日本が様々な足跡を残した地。生体実験（七三一部隊）や毒ガス遺留（五一六部隊）など歴史の足跡には緊張を強いられる。国境のまち黒河の川沿いには、日本からの解放でソ連軍を称える記念碑も。他方で現地の人々は日本に好意的であった。彼らが日常的に対峙するロシアへの警戒と意識が強く、日本はバランスをとるためにも必要な友人といった感覚だろう。「日本との問題は二〇世紀から。ロシアとは一九世紀から」。ある研究者がそう言った。

出会った一人が、黒龍江省社会科学院副院長の歩平だ。日中の歴史家として売り出し中の彼は関東軍の毒ガス部隊の研究に着手。関連施設のある広島の大久野島などを訪問しようとしていた。一九九四年の秋、山口女子大学に就職したての私に連絡が入り、山口で歩平講演会を開く。先生は以後、ハルビンでの私の恩人の一人となる。国境のまち綏芬河や満州里を訪問する際にはお世話になった。

季節は巡り、先生は北京に。北京はもともとの出身地だが文化大革命で下放されて黒龍江省に来たのだから、帰還というべきか。中国近現代史研究所長として日中関係を一挙に総覧する立場につく。日中歴史対話の北岡伸一東大教授の相方として名をご存じの方も多かろう。

ところで先生の教え子が天安門事件（一九八九年）に巻き込まれ、大学から追い出されそうになったそうだ。そのとき身を挺して学生を守ったのが先生だと人づてに聞く。下放により中国が失った貴重な研究成果と時間。先生は自らの過去を思い出されたのだろう。そして研究を守ることこそ中国の国益にかなうと。二〇一六年八月、先生は遠くへと旅立たれた。いまの中国の学界を歩平先生はどのように思っておられるだろうか。

歩平先生のご家族と共に（1997年）

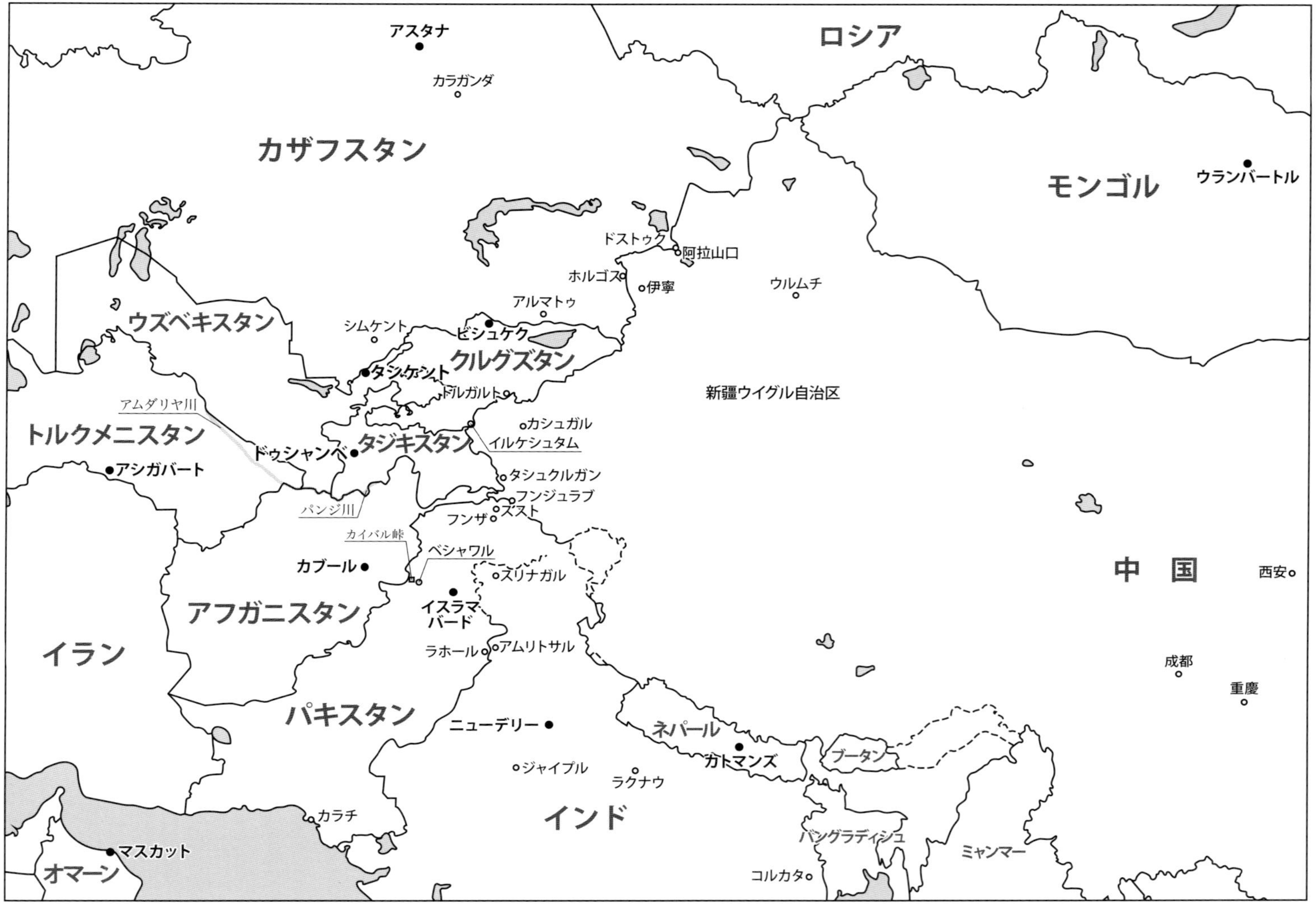
ロシア
アスタナ
カラガンダ
カザフスタン
モンゴル
ウランバートル
ドストゥク
阿拉山口
ホルゴス
伊寧
ウルムチ
アルマトゥ
ウズベキスタン
シムケント
ビシュケク
クルグズスタン
タシケント
ドルガルト
新疆ウイグル自治区
アムダリヤ川
トルクメニスタン
カシュガル
イルケシュタム
ドゥシャンベ
タジキスタン
アシガバート
タシュクルガン
フンジュラブ
パンジ川
フンザ
ズスト
カイバル峠
ベシャワル
カブール
スリナガル
中国
西安
イスラマバード
アフガニスタン
ラホール
アムリトサル
イラン
成都
重慶
パキスタン
ニューデリー
ネパール
カトマンズ
ブータン
ジャイプル
ラクナウ
カラチ
インド
バングラディシュ
マスカット
ミャンマー
オマーン
コルカタ

V　ユーラシアを西へ

大草原の川

　国境をたどっていると、さらにその端っこに行ってみたくなるもの。アムール川の中露国境が始まる場所に興味がわいた。それは、ロシアの内水シルカ川とアルグン川が合流してアムール川となるところで、シベリアのチタ州の入口にあたる。このあたりはロシアとしての歴史も古い。

　そこからアムール川を下ると、アルバジンにたどり着く。一七世紀に中国の清朝と帝政ロシアが最初に遭遇し、一戦を交え、清が勝利を収めた場所だ。ここには川を見下ろす高台にロシア正教会の教会とちっぽけな博物館がある。

　ロシアのピョートル一世と清の康熙《こうき》帝はこの戦争を経て一六八九年にネルチンスク条約を結び、国境を定めた。アルバジンの要塞などが自国領となった中国には栄光だが、ロシアにとっては屈辱の歴史。ロシアによる一九世紀の極東進出はまさにそのリベンジであった。両国の歴史論争は根が深い。

　さてアムール川を上り、アルグン川に沿って国境を西へと進むと、やがて川幅が狭まり、川が草原の風景に溶け込み、ついに見えなくなる。大雨や洪水になると水が溢れ、流れが変わる。川の場所が移動するため国境を決める際も議論になった。一九九一年に国境協定が結ばれる際、二つの工夫がなされたという。

　川の流れの変化を理由に、中国側がそれまでの国境線を北へ移動するよう主張し、ロシアが受諾。川の中州が中国領となるため、地元の反発を抑えるべく、その一部を現地のロシア住民に利用させるようにした。一種の共同利用だ。主権をはっきりさせても現地の利益にかなうようにする。国境を画定させるときの知恵のひとつだ。

　もうひとつは棚上げ。さらに西へ進むと、満州里に近いアルグン川の中州アバガイト島がある。帝政期からロシアが支配し、中国が引き渡しを要求し紛糾した場所だ。両国が協定の中では継続協議とし、他の地域の国境を確定させ、平和と安定を優先させたのだ。

　旅の終わりは、中露とモンゴルの三国国境。国境標石があると聞き、ジープで行こうとしたが、あいにくの雨季。道はぬかるみ、これ以上進めない。内陸の奥まった国境はなかなか見えない。

黒瞎子《ヘイシャーズ》島の分割

中国とロシアが一九九一年の東部国境協定を結ぶ際に、棚上げにした島がもう一つある。ロシア名大ウスリー島、中国名で黒瞎子島。アムール川とウスリー川の合流点にある広さ三五〇平方キロの三角州はロシア極東の中心ハバロフスクに近く、ソ連の軍事施設と住民の別荘があった。

　国際法では川の主要航路を国境とするから、中国は黒瞎子島を自国領と要求。翻ってソ連は帝政ロシア時代、清と結んだ一八六〇年の北京条約と付属地図を持ち出し、領有を正当化する。

忘れてならないのは珍宝島（ダマンスキー島）の軍事衝突がこの島をめぐる議論の端緒となった点だ。ここでもめたがゆえに、毛沢東は珍宝島の軍事作戦を決行した。その後、軍事衝突による被害と消耗の大きさが身に染みた両国は話し合い、さしあたり棚上げすることで合意した。

一度、船をチャーターして中国人観光客と一緒に黒瞎子島の周辺を遊覧した。川べりでソ連の国境警備船が中国を監視している。中国側の岸にはロシアの攻撃に備える監視塔がある。中国人はハバロフスクのまちが見える窓に集まるのだが、私は反対側の窓から島ばかり見ていた。島の南端にロシアの教会がある。昔は十字架だったが、闇夜に紛れて中国人が壊しにくるのでロシア側が教会を建てたという噂もあった。

黒瞎子島に向かう（2017年）

この種の噂は絶えない。中国人が自国領の岸と島の間の細い川の流れを埋め立て、地続きにして島を取り返そうとしているといった話もハバロフスクではまことしやかに語られていた。車を借りて中国側の岸を見てまわる。作業の痕跡はおろか道もない。どうやって埋め立て作業をしているのか。ロシア人に訊くと「いまはやっていないから」と曖昧な返事。最初から作り話なのだろう。

誰もが解決は難しいと考え、継続交渉とされた係争地。ところが二〇〇四年一〇月、プーチン大統領と胡錦濤国家主席が突然、解決したと宣言。この島とアバガイト島はともにおよそ半分に分割して国境線を引くことになった。あれから十余年。フェンスが引かれ、島は分けられた。中国側は観光地として整備し、ロシア側も島に渡る橋を完成させた。島をゲートウェイにしようとする試みもゆっくりだが進んでいる。

阿拉山口へ

カザフスタン最大の都市アルマトゥから国際列車で中国のウルムチに向かう。一九九〇年に開通した鉄路で二泊三日の旅。カザフ語で「友好」を意味するドストゥクという名の国境駅で待たされること五時間。客車をつりあげ一台ずつ台車を変えている。

旧ソ連のカザフスタンは広軌で、中国は標準軌。線路の幅を変えるのは防衛上の理由とされるが、平時には迷惑極まりない。

出入国審査官と税関職員が入ってきた。同室のアゼルバイジャン人がそわそわしだす。所持金を調べられ、申告と金額があわなければ罰金とか。日本人の私は間もなく手続き終了。彼は別室へ。一〇ドルほど手数料を取られたという。少額で安堵《あんど》した様子。

深夜に動き始めたと思ったら、すぐに停車。中国側の入境点、阿拉山口駅だ。パスポートが集められたが、あっという間に返される。税関職員がなぜか脇目もふらず廊下を走っていった。業務完了。中国のスピードに驚いた。中国スムーズ、旧ソ連のろのろ。

車で阿拉山口を訪ねたこともある。駅は閑散とし、駅員が怪訝《けげん》な顔で追い返す。写真もダメ。役場に行くとスパイを見るかのように追い返す。ロシアと向き合うだけの東部国境と異なり、少数民族がたくさんいるせいか、なんと暗く緊張感のあることか。

　このあたりの国境通関所はどこも似たようなものだが、例外は中国新疆ウイグル自治区のホルゴスだろう。シルクロードの要衝だった名残だろうか、アルマトゥに抜ける最短ルートだからか、民間貿易市場もある。にぎわいは東部国境のようでうれしい。

　ホルゴスから足取り軽くゲートを越え、カザフスタンに入国。アルマトゥまでは四時間程度の旅。だが予約したはずの車が来ていない。待つこと二時間半、向こうのほうから「日本人こっち」と親父が叫ぶ。親父の車に乗りこむと、すぐ一つ目のゲートが現れた。二つ目のゲートの前に私の車が待機していた。運転手は許可証を持たず、国境警備隊に制止されて入れなかったのだ。困り果てて警備隊と顔パスの親父に頼んだという。車が進むとゲートがまた一つ。何重ものフェンスに囲まれた国境地域。どれが本当の国境線かよく分からなかった。

カザフスタンと中国の国境ホルゴス（2004年）

山岳国境の楽しみ

　クルグズスタン（キルギス共和国）へ向かう。起点は中国の新疆ウイグル自治区カシュガル。イスラーム色の濃いまちだ。顔を隠した黒づくめの女性も多い。かつては交易や交流の拠点として栄え、ソ連の領事館もあった。

　三千メートルの山を越える。通関所は北のトルガルト、南のイルケシュタムの二カ所。まずトルガルトへ行く。

　峠に入る前に出国手続きだ。昔、通関所は国境近くの山上にあった。人に過酷な自然環境を考慮し、出入国管理を麓《ふもと》でやるようになったらしい。ここから先は軍の統制区域。出国手続きを終えると軍人が待ち構えており、国境線手前の詰め所までわれわれの車に乗せろと言う。

　一〇〇キロはあったろうか。未舗装道路をひたすら登り、三時間後、軍人たちが詰め所で車を降りる。山上にゲートが見えた。中国で乗った車はここまで。手配していたジープが国境の向こう側に見える。今回は来てくれていた。ありがとう。標高三千メートルで放り出されたくはない。

　両国の国境界牌を見ながら徒歩で越境し、ジープに乗る。坂道を下り、入国管理施設に滑り込む。係官が疑心暗鬼だ。「お前は誰。ビザあるのか」。パスポートを見て日本人とわかり顔が一変する。「フレンドか、隣国の人かと思ったよ」。手続きはあっという間。彼は「中国」と一言も発せず、「隣人は……」と距離のある言い方を続ける。

　わたしが訪れた頃、クルグズスタンは「隣人」にビザを義務づけていたが、日本人には既に免除していた。中国も日本人にビザ免除を導入したばかりだった。あの頃、世界でこの国境を最も自由に往来できたのは日本人だっただろう。

　別の旅でイルケシュタムから中国に入った。ものものしい出国風景は旧ソ連ゆずり。中国の通関所はかなり遠いらしい。そうか、山の麓だった。下山する手だてがなくて困っていると国際ローカルバスがやって来た。「乗れ」と運転手に促されるが、客はウイグル人ばかり。漢族と見られたのか、冷たい目で睨《にら》まれる。後方から声。一人だけ漢族がいた。ずっと不安だったのか、仲間が乗ってきたと安心したのだろう。私はポンポンと彼の肩を叩いた。

クルグズスタンと中国の国境トルガルト（2004年）

パミール

中国はカザフスタン、クルグズスタンとも係争地を抱えていたが、東部国境でロシアとやったのと同じように、土地を分け合って解決していく。難関がタジキスタンであった。国土が一四万平方キロあまりの国に、中国が二万平方キロも移管するよう要求していたからだ。結局、中国は千平方キロの移管で譲歩し、二〇〇二年に国境画定協定を結ぶ。

この国境地域はパミール高原、高度四千メートルの一帯。三千メートルと四千メートルでは違う。動くと動悸《どうき》やめまいが激しくなり頭痛が襲う。最悪、脳の血管が詰まる。こういうときは薬を飲み、ゆっくり動くこと。

中国との国境近くに向かう道中、アフガニスタンとの国境パンジ川沿いを車で走る。道はがたがた。日本大使館の協力でランドクルーザー二台で移動するも、毎晩、運転手はタイヤ修理に追われていた。大使館員は衛星電話で状況を報告。川沿いには戦車が裏返しになっている。ソ連のアフガニスタン戦争、タジキスタン内戦の傷跡だ。車を止め、用をたしに川べりへ向おうとすると、「走るな、止まれ」と同乗者の叫び声がする。目の前に「地雷」という看板。見晴らしがいいところは危険地帯。

検問所がいくつもある。独立して一〇年ほどたっていたが、当時、まだ国境警備はロシアが担っていると言われていた。本当にロシア人がいるのか、試してみよう。首都ドゥシャンベでまとめ買いしたウオッカを新聞紙にくるんで差し出す。詰め所から警備隊の隊長が渋々出てきた。

「国を守る立派な軍人に敬意を表し、日本の代表団から贈り物をどうぞ」。隊長は笑顔で写真撮影に応じる。ここもあそこもロシア人、ハバロフスク出身の若い軍人も。ウオッカでパチリ、ロシア極東の旅で学んだ技術だ。

中央アジア諸国はムスリムが多数を占めるが、社会主義の影響でかなり世俗化しており、ウオッカ好きも多い。現

タジキスタンとアフガニスタンの国境パンジ川（2003年）

地の役人と乾杯。自分の力量はわかっている、つもりだった。だがここは高度四千メートル、西の山岳地帯。酔いが超特急で回る。翌日、私は丸一日、車の中でぐったり横になっていた。がたがた道が肝臓に響く。道中、二度とウオッカを口にすることはなかった。

金ピカの首領様

北朝鮮が秘密のベールで国境を覆ってきたことはよく知られているが、中央アジアにもそういう国があった。人口約五〇〇万のトルクメニスタン。

二〇〇〇年代前半、当時の大統領ニャゾフは自らを「トルクメンバシ（トルクメン人の首領）」と国民に呼ばせていた。外国人が簡単に入れず、自由に国内を移動できないようにし、一種の鎖国政策も採っていた。

行ってみたい。なんとか観光ビザを入手し、首都アシガバートへ。金日成《キムイルソン》主席に負けないほど金ピカの大統領像が、街中の至る所に立っている。ある公園の像は直立したまま、常に太陽に向かって回転。あそこもここも首領様のポスターが貼られている。政府系新聞「中立トルクメニスタン」は毎日、一面に顔写真を大きくカラーで掲載し、本屋は首領様が書いた本で壁一面を埋め尽くしていた。

意を決し、同紙の事務所に行った。この国のメディアは全て「出版の家」というビルに押し込まれていたようだ。ゲートで名刺を見せて警備員と交渉する。彼が電話で事務所を呼び出してくれた。「編集長に会いたい」。「残念だけど編集長はいま米国出張中だ」。すげなく追い返された。

翌日、再びトライ。今度はなぜか警備員がノーチェックで通してくれた。首領様の写真が壁にかかった事務室で女性がひとり仕事をしていた。副編集長だそうだ。「編集長に会いたい」と言うと、どこかに電話をかけてくれた。「忙しくて会えない」。米国出張中ではないようだ。そこで彼女に訊ねてみた。「おたくの新聞、何を国民に伝えているの？」。「私たちは国の政策と大統領の声を国民に正しく伝えている。事件の報道やその分析は目的としていない」

大学も訪ねてみたが、けんもほろろに追い返された。仕方なく観光でもしようとタクシーに乗り込み、イランとの国境を目指す。途中の検問所で拘束され、取り調べられたあげく追い返された。一緒にいじめられたからだろう。帰り道は運転手との会話が弾んだ。出てくる、出てくる、首領様の悪口。やっと人と人の会話ができた。タクシーのドアの中で守られているこの国のささやかな

アシガバートのニャゾフ像（2003年）

自由だ。

カシミール

中国の新疆ウイグルから南に向かうと、インドとパキスタンの国境をめぐる積年の紛争地がある。両国が「われらのもの」と主張し合うカシミール地方。ある会議のためインドが支配するスリナガルへ招請されたことがある。

この一帯に漂う緊張感。空港は軍用機だらけ。写真撮影は一切禁止。持ち物検査でバッテリーを捨てろと指示された。どこかで感じた国境の雰囲気だ。

「行き止まり」となったカシミールの分断を越え、パキスタン側とつながりたい。会議の冒頭、現地の主催者がそんな思いを語った。今は見えないが、向こう側はこちらと同じ風景が続いているという。そもそもカシミールに暮らす人々は同じムスリム。向こう側にいる親戚や兄弟とは関係がボーダーで切り裂かれている。

わたしは当初、ここは紛争最前線だから、パキスタンの悪口が多く出るのだろうと思っていた。だが予想は裏切られた。彼らの不平は、勝手に往来を止め、自分たちの自由を奪う首都デリーの軍人たちの一方的なふるまいに向けられていた。二〇世紀半ば、英領インドからの独立をめぐる印パ分裂騒ぎのときにヒンドゥー教徒の藩王（マハラジャ）が独立を目指し、インドに支援を求め、ムスリムが大半を占める地元住民が反発したのが紛争の発端だ。地元には、自由に行き来したいという希望を顧みないデリーこそが問題の根源にみえる。

どこかに似ている。ベルリンや根室を思い出す。歴史的背景も状況も違うが、生活空間が分断されて苦しみ、それを乗り越え、ボーダーの向こう側とつながりたい人々がいる。そして、これを許さないのは中央政府であり、それぞれの国家権力だ。

ただ、インドとパキスタンでも空間のつながっている場所がある。パンジャブ地方、アムリトサルとラホール。インドのアムリトサルはシーク教徒の聖地であり、イギリス支配時代の虐殺でも有名で、映画「ガンジー」で象徴的に描かれた。パキスタンへの列車が運行しているが、通関所の先の制限区域には入れず、徒歩のみで移動が可能。荷物を頭に乗せて行き来する労働者が交易を支える。パキスタンのラホールのまちは近い。

国境警備隊、南へ

中ソ国境の旅を続けているうちに、新疆ウイグルの南側が気になってくる。インドとパキスタン。両国が上海協力機構に加盟した理由も南アジア国境の存在の重さにある。アフガニスタンとパキスタンのつながり、インドと中国の衝突。中ソ対立が深かった頃、インドとソ連は同盟国であった。

逆にパキスタンは伝統的な中国の友好国だ。印ソに対抗し、中国が支援した。国境を見れば、パキスタンが支配するカシミールの一部は中国に接する。インドは認めていないが、中国とパキスタンは国境協定を一九六三年に締結。パミール南方、頂上八千メートルのカラコルム山脈の峠フンジュラブに国境線が通る。

二〇〇〇年代前半、カシュガルから車をチャーターしイスラマバードまで旅してみた。中国側の国境地域タシュクルガン。通関所はまちの近くだが、その先は延々と軍事統制区域が続く。通関ゲートをくぐった瞬間、予想通り、人民解放軍が待ち構えていた。彼らは言う。区域では基本的に停車してはいけないと。砂利道を登る、途中で止まった車が一台。彼らは降り、ドライバーを叱責。写真を撮りたくなったら、どうするかって？ トイレ休憩を頼みましょう。野外で彼らも一服。気を使って、こちらを見ないようにしてくれる。解放軍なら停車も自由なのですね。

数時間後、山頂に近づく。警備隊の詰め所で彼らが車を降りる。まもなく監視塔だろう。カメラを車内から構えてその瞬間を待つ。塔を横目に坂道を下ると、パキスタンだ。国境標石の前で銃をもった兵士がいる。こんな高い場所に長時間立つのはしんどいだろうに。顔色が悪い。おまえは大丈夫かって。パミールの経験があります。はい、大丈夫。

ススト

インドとパキスタンの国境

やがてスストのまちに到着。中国人運転手とお別れし、パキスタンの小型ジープに乗り換える。今日の泊まりは桃源郷フンザ。ここはパキスタンだから酒は飲めません。いや、高山だから飲まない方がいい。翌日、インダス川沿いにイスラマバードへ。一二時間を越える長旅。何度も、検問でパキスタンの兵士に呼び止められた。

秋野豊さんの思い出

秋野豊さんと初めて会ったのは、一九九六年頃だったと思う。私が中国とロシアの国境問題の面白さに熱中し、現地に通い始めていた時期だ。当時は国境のどの場所で何か問題かもよくわからなかった。そのとき雑誌でアカデミック・ルポとして、現地で集めた資料や取材をもとに問題を発掘して見せたのが秋野さんであった。

秋野さんの仕事は中露関係に限られたものではない。むしろ極東は彼がカバーする範囲の一部であり、彼の目線はユーラシア、そう旧ソ連と隣接する空間全体に向けられた。隣接と一口で言っても東欧はおろか、欧州全体が入るし、彼は戦略家でもあったから、米国や中東をも論じていた。今ふうにいえば、「地球儀を俯瞰する」国際関係の研究者だ。

だが彼の真骨頂はやはり地域へのこだわり、そしてそこに暮らす人々の目線でものごとを考えようとしたことにある。東欧が変わり、ソ連が崩壊するなどユーラシアの地図が激変した一九九〇年代前半、彼は旅をし続けた。その調査の足跡と思いについては「国境をゲートウェイにする― 秋野豊のメッセージ」『図説 ユーラシアと日本の国境― ボーダー・ミュージアム』（北海道大学出版会）を手に取っていただければと思う。

秋野さんは、タジキスタンの和平活動のため、国連に志願し、一九九八年七月二〇日、山中で凶弾に倒れた。中国とロシアの国境問題の研究に一区切りつけた私は、調査の対象を中国と中央アジアへと広げていく。二〇〇〇年代前半、秋野さんが歩いた中央アジアの旧紛争地のいくつかに足を運ぶこともあった。タジキスタンの人たちが彼にどれだけ感謝しているかも知った。

だがなぜ秋野さんはタジキスタンで亡くなってしまったのか。私はいまでも時々、考える。彼が生きていたら、昨今の日本やユーラシアをどう思うのだろうかとも。机上で人ごとのように世界を論じるのではなく、現場に行ってそこに暮らす人々と少しでも汗を流す。秋野さんには到底、及ぶべくもないが、少しでもそのようなかたちでの研究に近づければと日々、自分に言いきかせている。

北大総合博物館の秋野豊展（2013 年）

タジキスタンの秋野さんの祈念碑

Ⅵ　国境意識なき日本

対馬とロシア

福岡と釜山の間に位置する国境の島、対馬。対馬と聞いて何を思い浮かべるだろう。歴史をさかのぼると、日本書紀にも出てくる金田城、元寇《げんこう》で玉砕した将兵を祀る小茂田浜神社、豊臣秀吉の朝鮮出兵後、徳川幕府と李氏朝鮮を取り持った「国書改ざん」、朝鮮通信使……。だが対馬で忘れてならないのは実はロシアとの関係である。

ロシアは一九世紀後半、海洋進出の拠点として、北の宗谷海峡と南の対馬海峡に目をつけていた。この二カ所を押さえれば太平洋の出入り口を支配できる。一八六一年、ロシアの軍艦ポサドニック号が船体修理を口実に対馬中部の浅茅《あそう》湾に入り込んで占拠し、湾を基地にしようとした。藩も幕府もロシアを追い出す手だてがなく、イギリスの介入でようやく事態は収拾する。

日露合同慰霊祭（対馬 殿崎）

ロシア正教の儀式も

時代は明治に移り、日本政府は守りを固めようと付近に砲台や水道を次々と建設し、やがてロシアと激突。一九〇五年、対馬北方で海戦が起こり東郷平八郎率いる日本側が勝利した。

この日本海海戦の終わりにドラマが生まれる。上対馬の西泊集落の住民が、敗残し島に漂着したロシア人およそ一五〇人の命を救ったのだ。集落を見下ろす高台には今、ロシア人四八三〇人、日本人一一七人の犠牲者の名前を刻んだ「慰霊の碑」が立つ。毎年五月には慰霊祭が行われ、バルチック艦隊の遺族も訪問した。

私はこの事実を知ったとき、未来志向の日露関係をつくるための場所はここだと思った。国境地域の住民が慰霊によって戦争の記憶を乗り越える。先の大戦を経て、戦争の負の記憶ばかりがいまだ重くのしかかる両国間の領土問題を動かすために、互いのイメージを変える手だてがあるとひらめいた。

二〇一三年、プーチン大統領が主宰するバルダイ会議に声がかかった。ご高説を伺うだけでは意味がない。上対馬の人々

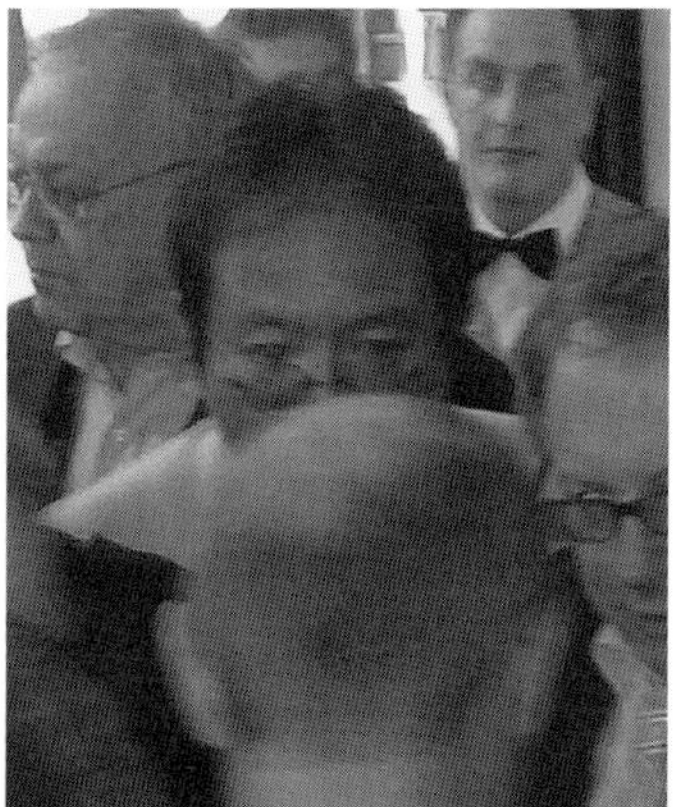
プーチン大統領と会う

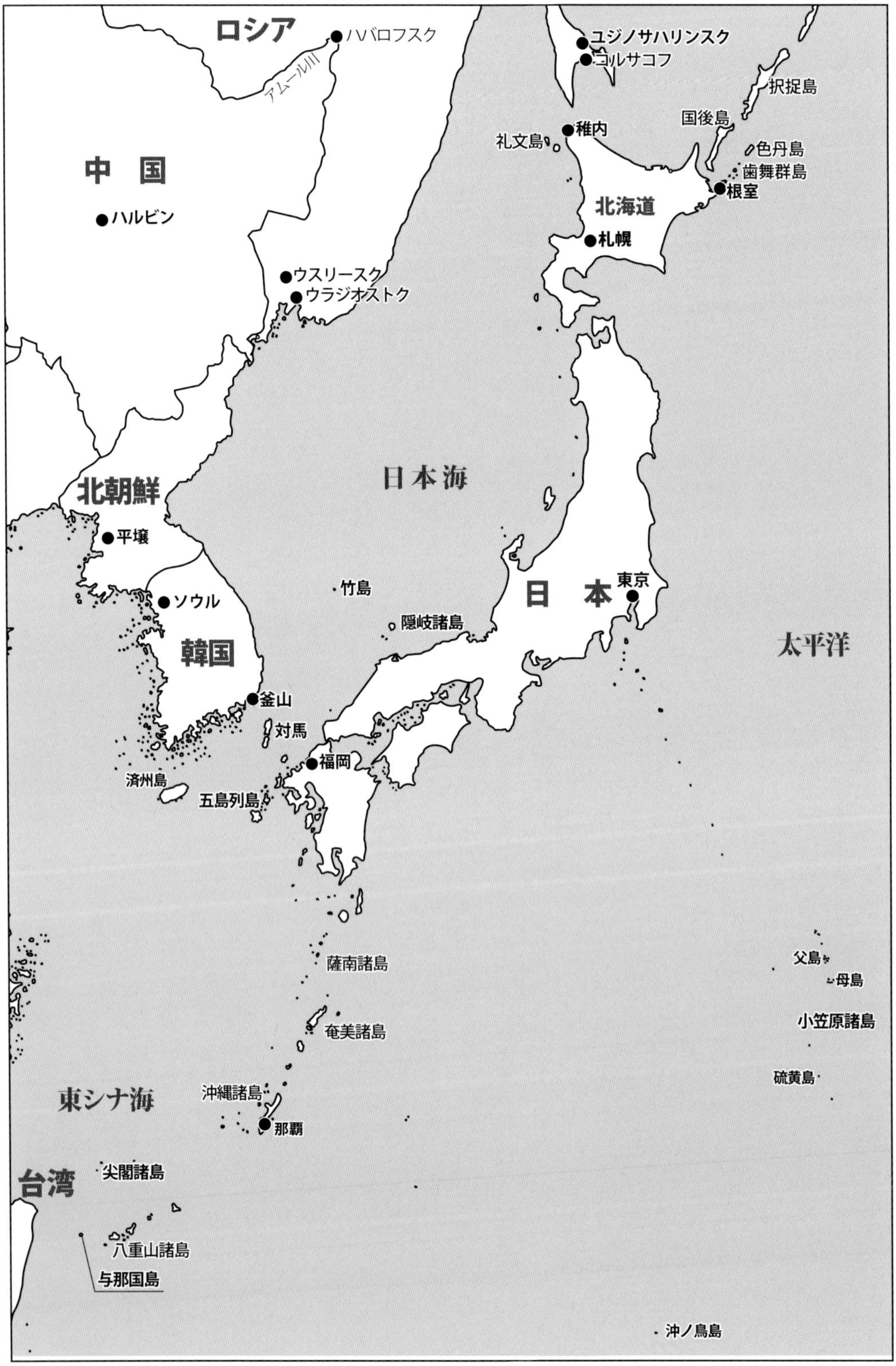
ロシア
ハバロフスク
アムール川
ユジノサハリンスク
コルサコフ
択捉島
国後島
稚内
礼文島
色丹島
歯舞群島
根室
中　国
ハルビン
北海道
札幌
ウスリースク
ウラジオストク
日本海
北朝鮮
平壌
日　本
東京
竹島
ソウル
隠岐諸島
太平洋
韓国
釜山
対馬
福岡
済州島
五島列島
薩南諸島
父島
母島
奄美諸島
小笠原諸島
硫黄島
沖縄諸島
東シナ海
那覇
尖閣諸島
台湾
八重山諸島
与那国島
沖ノ鳥島

はロシア兵を救助した思い出を長年、語り継ぎ、大統領に対馬に来てほしいとも思っている。そのメッセージを届けてみよう。幸運にも懇親会でボディーガードに囲まれた大統領に手紙を渡す機会に恵まれた。彼は「スパシーバ（ありがとう）」と言って私の手を握った。

日本が危ない!?

プーチン大統領に「対馬に来てほしい」と偉そうなメッセージを渡しておきながら、私自身、何を隠そう、対馬が持つ意味に気づいたのは割と最近である。学生時代、一〇年ほど福岡に住んでいたが、一度も対馬に足を運んだことがない。ロシアの研究を始めていたにもかかわらず、さほど関心もなかった。福岡の人が「壱岐は行きますが、対馬には……」と言うのと同じ。

その潜在力に気づくのは、関心が中露国境から南アジア、そして北方領土問題へと広がっていく過程においてだ。日本の北方国境をめぐる研究を始めたことで西や南のそれを意識していく。折から人口の何倍もの韓国人観光客が対馬に殺到するニュースが流れ、「対馬が危ない」「韓国に乗っ取られる」という話が巷《ちまた》で出ていた。福岡の大学の先生の中にも真顔でそう言う人がいた。対馬沖は日本でも数少ない海の境界ラインがきっちり引かれた場所で、対馬こそ日本でもっとも安定した平和な境界地域、にもかかわらずだ。

対馬と釜山の間に、日本の中では珍しい国境を越えた日常的な往来がある。福岡から釜山へＪＲ九州高速船ビートルでわたると約三時間。これに比べ上対馬から釜山まで最短距離で五〇キロ、高台に登れば釜山の夜景も見える。ビートルで比田勝からわずか一時間一〇分しかかからず、釜山から楽に日帰りもできる。韓国人は上対馬の三宇田浜で海水浴や温泉を楽しみ、ペンションでバーベキュー。近くのスーパーでは缶酎ハイの「ほろよい」が人気だ。

比田勝港に二〇一五年に新設された国際ターミナルもすぐに満杯になり既にキャパが足りなくなった。最近は裕福な個人客が増え、レストランで昼間からビールを飲み、ビフテキを食う。近辺をまわるのはタクシー。ここほど幸せそうな笑顔のタクシー運転手はよそではあまり見かけない。

いまや日本全国あげて「増やせ、インバウンド（訪日外国人観光）」がスローガン。「目指せ、観光立国」との掛け声も飛ぶ。二〇一六年には二千万近い外国人が日本を訪れたが、このキャンペーンの先駆けこそ対馬だ。島の知り合いが皮肉を込めて言う。

「さあ外国人に日本列島が乗っ取られるかも。日本が危ない」

国境地域を結ぶ

二つの国の国境地域を結び、ボーダーを移動しながら会議を行うユニークなスタイルの国際学会がある。「ボーダー・リージョンズ・イン・トランジション」（ＢＲＩＴ）。日本語に訳せば「移行期の境界地域」というネットワークだ。会議の合間の移動日にフィールドワークを設定し、地元の専門ガイドの説明を聞きながら国境地域を体感する。カナダと米国、スイスとフランスで開催された会議に参加して、これを日本に誘致したいと考えた。

日本のどこでできるだろうか。条件は二カ国それぞれの地域に国際会議ができる会場と宿泊施設があり、現地の大学や行政の支援が得られること、国境を越える手段が簡便なこと、そして国境そのものが体感できること。

答えはひとつ。福岡と釜山、そして国境の島、対馬を見せよう。そうひらめき、九州大と釜山の東西大の友人を口説いて、福岡市役所や地元経済界にあいさつまわりを始めた。韓国語に堪能な九州経済調査協会の研究員も全面協力を約束してくれた。

二〇一二年一一月、福岡市の支援で実現したこの大会には四〇カ国から二〇〇人が集まった。初日と二日目は福岡で会議。三日目にＪＲ九州高速船のビートルをチャーターして参加者を対馬経由で釜山まで運び、四日目に再び会議という日程を組んだ。ハイライトは対馬縦断だ。厳原で市長が出迎え、参加者はバス五台に分乗して上対馬へ。日本海海戦で地元民がロシア兵を救出した逸話の記念碑に立ち寄り、みんなが感動していた。中でも一〇人ほどのロシア人が感無量の様子だった。

その前年、日本国内でも境界地域研究ネットワークＪＡＰＡＮが設立された。私は北海道にいて国境地域、特にロシア人と交流している稚内や根室の経験が西や南の地域に共有されていないと考え、自治体ネットワークをつくろうと呼びかけていた。一般に行政は保守的で内向き、よその地域と交わるより、東京へのパイプつくりに熱心だ。だが国境に面して暮らす人々は違った。「隣」とどのように付き合ったらいいのか、それぞれ苦悩していたのだろう。みなで知恵を出し合い、その経験を学び合おうと結束した。

与那国から台湾へ

会議を二つの国境地域で行い、国境を越える旅でそれをつなぐ。国際学会ＢＲＩＴから学んだこのスタイルを最初に実践したのは、実は、ＢＲＩＴ福岡・釜山大会の前年、二〇一一年五月、与那国島で開催された「国境フォーラム」のときである。

フォーラムは二〇〇七年に沖縄県与那国町、長崎県対馬市、北海道根室市の首長サミットとして企画され、根室、対馬と会場を移して開催されていた。国境地域の自治体を結ぶ境界地域研究ネットワークＪＡＰＡＮの設立も決まり、次はぜひ与那国でとなっていたのだ。

打ち合わせのために島を訪問したとき、外間守吉《ほかましゅきち》町長がこう言い出した。

「うちと友好都市の台湾・花蓮でも会議をやらないか。ここから近いのに直接、行けないのを知っているだろう。せっかくだから、与那国から飛行機をチャーターしてみんなで行こう」

日本最西端の与那国は台湾から約一一〇キロ。石垣から与那国も同じくらいの距離だが、歴史的には台湾との結びつきが強い。戦前、与那国は「日本」の文化が台湾から直に入ってきたという。敗戦後、台湾は日本領でなくなり、与那国は米軍統治下に。与那国は台湾との密貿易、地元の人の表現を借りれば「復興交易」「復興貿易」で大いに栄えた。やがて米軍の取り締まりが始まり、沖縄が日本に復帰した一九七二年以降は完全に「国の行き止まり」に。与那国の人たちは、いきなり目の前に国境という「壁」が現れ、往来の自由が奪われたと感じている。今は直接、往来できる交通機関が存在しない。もう一度、台湾とつながりたいのだが。

さて町長の熱い気持ちは理解したが、私は腰が抜けそうになった。飛行機のチャーターとは。

七〇人乗りの飛行機を台湾からチャーターしても、満席にしなければペイしない。国境フォーラムの参加者で台湾まで付き合ってくれるのは、せいぜい三〇人だろう。残り四〇人をどう集めたらいいのか。集客のめどが立たなければ飛行機の手配などできない。手配できなければプランがつくれず、集客もできない。このジレンマに夜、眠れないまま、時間だけが過ぎていった。

南の島でチャーター

沖縄の与那国島から台湾の花蓮まで飛行機をチャーターするといっても、赤字が出たらどうするか。ヘソクリで埋めようか、などとなかなか決断できずにいた。赤字になったら五万円ずつ負担しようという仲間が一〇人集まり、これで背中を押された。与那国町長に電話を入れる。「やりましょう」。期日はくしくも沖縄の日本復帰の日と同じ五月一五日。

台湾から飛行機のチャーターを手配すると、思いのほか参加者が増えてきた。追い風もあった。この年に起きた東日本大震災による原発事故の風評被害がすさまじく、例年、運航されている台北―石垣間の季節運航便がほとんどキャンセル状態で、石垣、竹富、与那国の八重山地区全体で台湾へ観光プロモーションに行こうという機運が高まっていた。それで関係者がチャーター便に乗ってくれることになった。

ふたを開けてみると、フライトは満杯。今度は頭を下げて、申し込みをお断りしなければならないほどだった。出発前日、国境フォーラム参加者が与那国に集まった。会議の後の懇親会では牛汁やカジキがふるまわれ、地元の泡盛を堪能。島の若者が総出で伝統芸能を披露してくれた。

翌日、二日酔いの頭で空港に集合。いつのまにかターミナルビルに囲いが設けられ、臨時国際線乗り場に早変わりしていた。手荷物検査場が税関となり、その先で出国審査。乗客はうれしそうに「与那国」とパスポートに押されたスタンプを眺めている。それから待つこと一時間、飛行機が来ない。どうやら台湾出発が遅れているらしい。本当に来るのか、みな心配げだ。エンジン音が次第に大きくなり、復興航空と書かれた白とオレンジの飛行機が何もない滑走路に滑り込む。ラウンジで待っていた乗客全員が拍手で迎えた。

だが、荷物を機体に積み込むのに手間取り、苦闘すること三〇分、なんとか搭載し、搭乗アナウンスが始まった。飛行機の前で出発セレモニーを行う。与那国町、竹富町、石垣市の沖縄の三首長に、対馬市長と根室副市長が並ぶ。私はみんなに頭を下げた。見上げると澄み切った青空がまぶしかった。

与那国でチャーター便

平成の国賊

境界地域研究ネットワークＪＡＰＡＮに、北海道最東端の根室市が参加したときはうれしかった。政府的にはロシアとの国境は択捉島の北であり、根室の眼前に立ちはだかる「見えない壁」は国境ではない。「国境地域」と呼ぶことさえ禁じているからだ。

両国に平和条約がない以上、どこも国境が画定していない。だから、サハリン本島と北海道の間、宗谷海峡にも国境はないはずだが、政府はユジノサハリンスクに総領事館を設置するなどロシアのサハリン領有を事実上認め、二〇〇九年には当時の麻生太郎首相が訪問している。稚内には「国境のまち」としてサハリンとのビジネスが許され、根室が「国境のまち」として北方領土と交流できないのとは対照的だ。

北方領土問題は国民的課題と言われてきたが、実は多くの人が関心を持っていない。私がこれに気づいたのは、中国とロシアが係争地を分け合った解決方式「フィフティ・フィフティ」（五分五分）を使い、日露もいわゆる択捉、国後、色丹、歯舞の四島を分け合ったらどうかと拙著『北方領土問題　4でも0でも、2でもなく』（中公新書）で提案したときだ。

二〇〇五年に出版したこの本で択捉島を除く「三島返還」のシミュレーションをしたこともあり「右翼が押し寄せて大変でしょう」と記者たちに訊かれたが、答えはノー。これまでいただいた手紙のうち「よくぞ言った」が三〇通、非難はせいぜい一〇通。一般にはあまり関心を持たれず、メディアの多くは敏感な問題であるため対応に苦慮したようで、当初、本は売れなかった。

北方領土は泣いている！

事態が変わったのは、朝日新聞社がこの本に大佛次郎論壇賞を与えると決めてからだ。翌年一二月一三日の朝刊で授賞が発表され、同じ日の国会で前原誠司議員が唐突に北方領土問題について訊いた。麻生太郎外相（当時）は「択捉島の二五％を残り三島にくっつけるとちょうど、五〇、五〇くらいの比率になる」と答弁。翌日、各紙一斉に「北方領土二等分、麻生外相が解決案」などと報道。月刊誌『正論』（産経新聞社）が二〇〇七年三月号や七月号で北方領土分割論批判のキャンペーンを始めた。私が分割論の黒幕で「平成の国賊」だと。

令和の国賊

「平成の国賊」キャンペーンは一年くらい続いただろうか。内向きにやりあってもロシアを動かすことにはならないし、解決に向けてプラスにならない。そう考え、当面、北方領土問題についてはしゃべらないと日本記者クラブの会見で発言した。一部メディアは「岩下教授の沈黙宣言」と報じ、元外務省主任分析官で作家の佐藤優氏は「政治問題に一旦関与した知識人の振るまいとして無責任」と断じた。この間、インタビューを申し込むメディア関係者もほとんどいなかった。

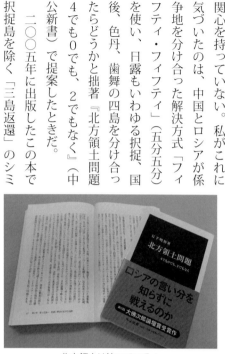

忘れっぽいのは日本人だけだろうか。いつの間にか「沈黙」やら「国賊」騒ぎもなかったかのように、また取材を求められるようになった。二〇一二年末に第二次安倍政権が発足し、首相自ら北方領土問題に意欲をみせたことで、昨今、解決の機運が高まりつつあったのも後景にある。

安倍晋三首相に近い森喜朗元首相が二〇一三年一月、テレビ番組で択捉島を除いた「三島返還」に言及し、北方領土を分け合って解決するという議論が再燃し始めた。このブックレットの最初の方で島の数をめぐる話を書いたが、国境に暮らす人々の気持ちや利益を考えず、島の数だけを議論する風潮はいまだに続いている。「二島先行返還」が大人気。どこぞのメディアは、私を「ヒーロー」とでも持ち上げるのだろうか。

二〇一六年一二月一五日、安倍首相がおひざ元の山口県長門市でプーチン大統領と会談を行った。二〇一四年のクリミア併合以来、欧米の「敵」と目されてきたプーチン大統領だが、安倍首相はいつも「笑顔」で迎えようとする。北方領土問題を解決して、平和条約の締結を。これが首相の悲願だからだ。

会談は期待を裏切り、領土問題解決に向けた具体的な道筋を何も示せなかった。サプライズで「元島民からの手紙」が首相から大統領へ渡され、（双方の主権を損なわないような）四島での共同経済活動に向けた交渉が始まることになった。

それから二年が経過。共同経済活動は主権問題が障害となり、島への物の出入り、人の出入りについて決められない。成果はいまだ公表されない。元島民への配慮も特別墓参と称して飛行機が年一回飛ぶようになったが、墓地の多くは海沿いにあり、空港からの陸路では行くことができない。飛行機の利用も政府の本音は共同経済活動に向けた地ならしだった。

こうして何も進まないまま、二〇一八年一一月、シンガポールで大統領と会談した安倍首相は、今後は（色丹、歯舞の引き渡しをうたった）日ソ共同宣言をベースに交渉を行うと発言。日本は択捉、国後を放棄する準備を始めたとの評価が飛び交う。「四島返還」がそもそもの間違いとの声も出始めた。四島返還論者が「国賊」と言われる日も近そうだ。

だが色丹、歯舞の返還でさえ容易ではない。プーチン大統領はこれも交渉であり、場合によってはロシア主権下で日本に引き渡すとまで言う。先の見えない北方領土問題。前のめりの首相。元島民や地元根室は置き去りにされ、日本の国益が損なわれていく。

国境に光を

実際に関心を持っている人は多数ではないにせよ、民主党政権の後半から、竹島や尖閣諸島がにわかに注目を浴び、領土問題がメディアをにぎわす機会が増えたのは確かだ。尖閣沖で中国漁船が海上保安庁の巡視船に体当たりした二〇一〇年あたりからは特に。

にわか専門家が跋扈《ばっこ》し始めた。領土問題について正しい教育を。北方領土、竹島、尖閣は「固有の領土」。でも尖閣を領土問題のひとつと数えてはだめ――彼らの主張はさしずめこんなところだ。領土問題がないのであれば、なぜ尖閣を「固有の」と取り立てて言うのだろう。外務省飯倉公館（東京）に掛けられている平山郁夫画伯の絵「日本列島誕生図」は、北海道と沖縄が描かれていない。領土の一部を欠くこの絵を見た外国の賓客は何と思うだろう。沖縄や北海道は「固有の」ではないのだろうか。

　このブックレットでは領土、国境、主権にかかわる一般的な見方を徹底的に崩そうと試みた。ボーダーをめぐる教育は、「我らのもの」と声を荒らげ、自らの正しさのみをアピールする術を学ぶことではない。ボーダーの意味を考え、ボーダーとともに暮らし、これと向き合う術を学ぶことにある。

　人間は自他を分けなければ、つまり境界付けがなければ生きていけない動物だとわたしは考える。そうであれば、境界をなくすことやグローバルな社会にあこがれるのではなく、ボーダーをはっきりさせるとともに、その敷居を低くし、隣人同士が快適に暮らせるような道筋をつけていくべきだろう。肝要なのは、ボーダーに翻弄されるのではなく、こちらからいかにボーダーを飼いならすかだ。

　国境の暗いイメージを変えたい。対馬・釜山、与那国・花蓮、稚内・サハリンで会議を開催した経験を思い出す。実際に国境を越えてみると発見に満ちている。国境と境界地域の面白さを観光でアピールしたらどうだろうか。こうして始まったのがボーダーツーリズムだった。国境を越え、空間と空間のつながりを楽しむ、新しいタイプの旅行。この言葉、『現代用語の基礎知識』の二〇一六年版には外来語、世相語の両方に掲載された。

　さてボーダーツーリズムをもっと書けと言われそうだが、紙面もそろそろ尽きかけている。次の機会に続編をと思うけど、それまで待てないむきには『ボーダーツーリズム― 観光で地域をつくる』（北海道大学出版会）をご一読ください。ここにはボーダーフルな日本が満載です。

五島から済州島へ
五島初の国際チャーター・ツアー
（2018年10月）

BORDER TOURISM

国境地域研究センターが作ったロゴ

Illustrated by Seiju Ogushi

あとがき

はしがきでも述べたが、本書は『西日本新聞』の連載をもとに編まれている。本書では可能な限り、連載当時の原稿に手を入れることなく収録しようとしたが、年月や表記についてはブックレット向けに修正し、一部の時事分析には加筆とアップデートした（Ⅱ「ザルの国境・トランプの壁」、Ⅲ「アフリカを諦め、大西洋を越える」、Ⅵ「平成の国賊」「令和の国賊」「国境に光を」）。新たな随筆（Ⅵ「歩平先生の想い出」「国境警備隊、南へ」「秋野豊さんの想い出」）も収録した。

連載では入れられなかった地図（ささやめぐみ作成）や写真（筆者が撮影）をふんだんに入れたが、改めて振り返ってみると連載で描けた地域は、わたしのこれまでの旅の一部でしかないこと、そして何よりもわたしがまだ行ったことのない国境がやまほどあることに気が付く。その意味で、本ブックレットはわたし個人が見聞し、考えてみたことの断片に過ぎない。

世界にはまだまだ面白く、知られていないボーダーがある。きっとそこにはそれぞれの違った光があるだろう。本ブックレットが一人でも多くの読者にボーダーの面白さや意味を気づいていただけるきっかけになれば幸いである。わたし自身、もっともっとボーダーを深堀りしていきます。では、最後に新聞の連載最終回をお楽しみくださ い。

端から変える（連載第五〇話・最終回）

この連載で毎回、最後に「九大・北大教授」と肩書があり、不思議に思われた読者もいるだろう。私は北海道大スラブ・ユーラシア研究センターに籍を置きながら、二〇一六年一月、九州大のアジア太平洋未来研究センターの教員になった。期間は一年三カ月。うち四カ月半は九大を拠点とする契約で、今月から福岡にいる。

日本の国境・境界地域を束ねていく。そう考えたときから、九州や沖縄に行く機会が増えた。「どうして北大の先生がわざわざ」と尋ねられることもあった。九大からボーダー研究をやらないかと声がかかったとき、北大との併任であればと快諾した。西や南の国境の近くにも身を置きたかったのが理由だ。福岡と釜山を結ぶ国際会議を組織して以来、この地がその研究拠点にふさわしいと確信していた。

ボーダーツーリズム（国境観光）にもプラスになる。その推進には民間、行政、大学などの協働が必要だ。地域を魅力的にみせるために地元経済界の協力も不可欠。九大に籍があれば、もっと支援してくれるだろうと考えた。ボーダーツーリズムは国境の「壁」に苛《さいな》まれ、展望が見いだせなかった地域や人々に勇気を与える試み。「壁」を越え、向こう側とつながることで地域を変えよう。ボーダーは動くもの。いまは国の端っこ、ボーダーランズ（国境・境界地域）でも、明日は地域の中心になれるかもしれない。

釜山に行くとロシア人をよく見掛ける。ウラジオストクとは旅客便や物流でつながり、釜山駅の向かい側、かつて米国人がたむろしてテキサス通りと呼ばれた一角は、今ではロシア人の怪しげな店が並ぶ。米ドル、日本円、中国元、ロシアのルーブルも通用する。

いつか日露でビザ免除協定が結ばれれば、福岡にロシアの総領事館が置かれる可能性もある。ロシア人は日本が大好き。今はロシアから福岡に直接来る足もなく関係は薄いが、ビザ免除となれば、かつての稚内のように、釜山経由で対馬、そして福岡に殺到する近未来が眼に浮かぶ。

日本の北と南の境界地域の経験を結ぶ。日本の端っこから、この国のかたちを一緒に考えませんか。

(『西日本新聞』二〇一六年一一月一一日付)

Illustrated by Seiju Ogushi

参考文献

＊書籍

岩下明裕編『ボーダーツーリズム―観光で地域をつくる』北海道大学出版会、二〇一七年
岩下明裕『入門 国境学―領土、主権、イデオロギー』中公新書、二〇一六年
岩下明裕編『領土という病―国境ナショナリズムへの処方箋』北海道大学出版会、二〇一四年
岩下明裕・木山克彦編『図説 ユーラシアと日本の国境―ボーダー・ミュージアム』北海道大学出版会、二〇一四年
岩下明裕『北方領土・竹島・尖閣、これが解決策』朝日新書、二〇一三年
岩下明裕編『日本の「国境問題」―現場から考える』藤原書店、二〇一二年
岩下明裕編『日本の国境・いかにこの「呪縛」を解くか』北海道大学出版会、二〇一〇年
岩下明裕編『国境・誰がこの線を引いたのか―日本とユーラシア』北海道大学出版会、二〇〇六年
岩下明裕『北方領土問題―4でも0でも、2でもなく』中公新書、二〇〇五年
岩下明裕『中・ロ国境の旅』東洋書店、二〇〇四年
岩下明裕『中・ロ国境4000キロ』角川選書、二〇〇三年
宇山智彦『中央アジアを知るための60章』（第二版）明石書店、二〇一〇年
斎藤勉・内藤泰朗『北方領土は泣いている―国を売る平成の「国賊」を糾す』産経新聞出版、二〇〇七年
産経新聞モスクワ支局『誰がメドベージェフを不法入国させたのか―国賊たちの北方領土外交』産経新聞出版、二〇一一年
田村慶子『多民族国家シンガポールの政治と言語―「消滅」した南洋大学の25年』明石書店、二〇一三年
樽本英樹『排外主義の国際比較―先進諸国における外国人移民の実態』ミネルヴァ書房、二〇一八年
A・ディーナー、J・ヘーガン（川久保文紀訳）『境界から世界を見る―ボーダースタディーズ入門』岩波書店、二〇一五年
水谷裕佳『先住民パスクア・ヤキの米国編入―越境と認定』北海道大学出版会、二〇一二年
古川浩司『「国境」で読み解く日本史』光文社、二〇一九年
歩平『日本の中国侵略と毒ガス兵器』明石書店、一九九五年
本田良一『日ロ現場史―終わらない戦後』北海道新聞社、二〇一三年
山﨑孝史『政治・空間・場所―「政治の地理学」にむけて』ナカニシヤ出版、二〇一三年
屋良朝博『砂上の同盟―米軍再編が明かすウソ（Kindle版）』沖縄タイムス社、二〇一八年
琉球新報・山陰中央新報『環りの海―竹島と尖閣 国境地域からの問い』岩波書店、二〇一五年

＊論文・エッセイほか

川久保文紀「米国境管理ガバナンスの形成―『北米の安全と繁栄のためのパートナーシップ（SPP）』の成立と挫折を手がかりとして」『境界研究』九号（二〇一九年）
木村崇「境界なき空間―時代的事象としてのボロジノ」『境界研究』二号（二〇一一年）
佐藤優「岩下明裕教授の沈黙宣言に疑問―知識人は北方領土問題にいかにかかわるべきか」『週刊金曜日』二〇〇七年三月九日号
高松郷子「パレスチナにおけるコミュニティ・ツーリズムの展望―被占領地の境界侵食に抗して」『境界研究』五号（二〇一五年）
竹内陽一構成・HBCフレックス制作 グローバルCOEプログラム「境界研究の拠点形成」DVDシリーズ（「知られざる北の国境」ほか）二〇一一年―二〇一四年

※本書は、人間文化研究機構基幹プロジェクト「北東アジア地域研究」（北大スラブ・ユーラシア研究センター拠点）及びスラブ・ユーラシア研究センターの共同研究「境界・国境研究」（二〇一九年度）の成果に依処している。
また基盤研究B「東アジアにおける国境観光の比較研究」（代表 花松泰倫）の研究成果の一部でもある。

執筆者

岩下明裕　：北海道大学スラブ・ユーラシア研究センター 教授
九州大学 教授（2016年～2019年）
（2016年1月～2018年3月 アジア太平洋未来研究センター
2018年4月～2019年3月 大学院法学研究院）
専門はボーダースタディーズ（境界研究・国境学）

＊イラスト初出：西日本新聞・文化面連載「世界はボーダーフル」作画：大串誠寿
西日本新聞社提供

ブックレット・ボーダーズ　No.6
世界はボーダーフル

2019年7月25日　第一刷発行

著　者　岩下 明裕
発行者　木村 崇

発行所　特定非営利活動法人 国境地域研究センター
〒460-0013　名古屋市中区上前津2丁目3番2号　第一木村ビル三〇二号
tel 050-3736-6929　fax 052-308-6929
http://borderlands.or.jp/　info@borderlands.or.jp

発売所　北海道大学出版会
〒060-0809　札幌市北区北9条西8丁目北大構内
tel. 011-747-2308　fax. 011-736-8605
http://www.hup.gr.jp/

装丁・DTP 編集　ささやめぐみ
印刷　(株)アイワード

ISBN978-4-8329-6852-3